捜査一課のメモ術

第62代警視庁捜査第一課長
久保正行

マイナビ新書

はじめに

警視庁捜査第一課長に私が着任して初の師走、一通の封書が課長室の机に置いてありました。宛先は筆字で「久保捜査第一課長殿」、50円切手が2枚貼られていました。

封を切ると3枚のレポート用紙に自筆で次のような内容が書かれていました。

「突然ですが、問題を思おう時、何としても又捜査一課の威信をかけても、ぜひ解決して頂きたいと思いから、此処にあえて筆を走らせてもらいます」

そう書かれたメモ書きには、未解決の殺人事件について、捜査に参加した者として、詳細に一ツ一ツ検討を加え、今までやってきた捜査に誤りがないかを素直に見つめた内容でした。

手紙ですと、通常なら便箋に、前文・主文・末文・後付の形式が普通ですが、この封書はレポート用紙に差出人の考えを述べており、メモ形式でありました。

開封して驚いたのは、文面もさることながら、書いたのが、私が巡査刑事の当時に憧れていた取調べの第一人者「まむしのK主任さん」だということです。タバコをゆったりと吸い、物静かである反面根拠のない話には一切興味を示さず、現場の刑事や鑑識員をとても可愛がっておりました。

このメモ用紙には、さらにKさんが手がけた別の事件の検挙に至るポイントがメモされていました。Kさんに感謝をしながら、新たな闘志を燃やして、このメモをカバンに入れては読み返し、捜査を続けたものです。

このように一枚のメモが、

・過去の記憶を蘇らせたり、話題となることで真実が明らかになったりする
・メモ自体が人生の教訓になる
・メモによって新たな闘魂が生じ、目的が達成される
・貴重な宝物となる

など、その用途は広く、細胞のように分裂を繰り返して伝達することもあるのです。

メモはメモ、されど奥深く変身する「水」のようなものです。

私自身、警視庁時代は「メモ魔」と呼ばれていたので、このメモを通じて当時の刑事の生きざまも語りたいと思います。

メモの文字はまさに生き物です。その文字の内容は記憶を呼び起こし、一瞬の考え方が明らかになり、文字の流れから心理状態が明らかになり、公の証明物ともなりえます。


このメモが生き物で、またメモを活用する捜査も生き物であるという共通の事柄に興味を持ち、心理の理論を学ぶべきと思って、同期生より1年早く勇退した後、放送大学に通ったのです。

この大学は通信制で、必修の心理学実験である面接授業3科目、他は帰宅後のPCによる学習でした。心理学の履修科目試験にクリアできれば、公益社団法人日本心理学会の認定心理士の資格審査を受けられることを知り、履修科目に取り組んでいるころでした。そのころ、拙著の出版社の担当者から、「捜査メモ」についての執筆依頼があったのですが、認定心理士の資格取得を優先していたので断ったのです。

ところがその後、ドラマ監修先のプロダクション経由で再度の執筆依頼があり、既に認定心理士の資格を得ていたので、これまでの経験や知識に加え、心理面も加えて刑事のメモ理論の作成に取り組んだのです。

拙著を読まれれば、刑事がメモにこだわる理由、メモを生かす方法が犯罪事例から浮き上がり、それはそのまま日常の生活や業務に役立つと信じています。もちろん、ここでとりあげた犯罪事件は実際に私が取り扱ったものですので、生々しさがあります。

生々しい表現を用いたのは、予期もしていない犯罪に巻き込まれた被害者の無念さや怒り、そして決して忘れることのできないご遺族の悲しみに配慮しながら被害者の守護神の立場で、犯罪者の残虐な犯行と狡猾な言動を理解していただきたいからです。

そうは言っても、事件の詳細については、内容を一部変更しています。それは、犯罪者であってもプライバシーがあり、また更生を妨げてはならないことが安全・安心な街づくりに寄与すると考えているからです。もちろん、私自身公務員として捜査の仕事に携わってきたので「守秘義務」があることも事実です。

メモする目的は、端的には「忘れない」ためです。確かに「記録」に残すことは、後日そのことを思い起こすための手段であり、これは水の流れと同じで、時間を巻き戻すことはできないからです。ですが、水はその環境、凸凹の地形によって左右に流れたり、堰があれば上流に流れ込むことだってあります。

メモもまさに同じで、メモをすることで、将来その当時の苦しさや辛さを思い出して発奮する材料になったり、また逆に反省や教訓が生じたりして人生の道しるべともなるでしょう。

1枚のメモ、それは他人から見れば価値がないものだとしても、本人にとっては記念や想い出があるものとして価値が高かったり、家訓として残るものもあることを、私たちは経験しています。

こうしたメモの作成は「現代的発想でなく、アナログの世界である。古すぎる」と一笑に付している人も、本書を一読されれば考えも変わり、このグローバルな職場でも十分通じる新たなる使用方法を発見することでしょう。

捜査一課のメモ術

目次

第1章　刑事のメモの基本はビジネスにも役立つ！

第2章　聞き込み時のメモ術で情報を引き出せ！

第3章　メモで捜査の効率アップ！

第4章　捜査の推理にメモをフル活用！

第5章　取調べ室内のメモ術・交渉術で情報を正しく使おう！

第6章　刑事だって書類を作成する！ メモを使った書類作成術

第1章

刑事のメモの基本はビジネスにも役立つ！

メモと言えば刑事、刑事と言えば捜査一課！

刑事は「デカ」と呼ばれています。明治時代に遡ると、そのころの私服警察官は上が着物スタイルで、袖が角袖《かくそで》でした。その角袖にメモ帳や捕捉道具（捕縄《ほじょう》や手錠）等を入れていました。その角袖姿の者は悪人から恐れられていたことで、悪人仲間で刑事の呼称を「カクソデ」と呼び、それを逆から読んでデカとなったといわれています。

ちなみに刑事の階級は、巡査（巡査長）、巡査部長で、係長（警部補）は一つの係を有する職制であり、刑事を示す呼称ではありません。

その刑事が聞き込みや事情聴取時のメモに使うのが「手帳」です。現在はＰＣの普及により、聞き込み現場にＰＣを持参したり、ＩＣレコーダーで録音する刑事もいますが、やはりメモを片手に二人一組で聞き込むのが一般的です。

事件の捜査を進めるときには、まるで駕籠の棒の前を担ぐ役と後を担ぐ役を合わせて「相棒」といわれる役と同じで、なにごともタイミングが大切です。このタイミングが合わないと、「私は右へ、あんたは左へ」と捜査方針に沿わずジグザグな行動、無駄な捜査をするはめに陥ります。また、二人一組は、別々に休みをとるためであって、常に一般人からの担当事件捜査の問い合わせや相談に答えるためという配慮がありました。

現在、警視庁捜査第一課の課員は400名超で、その半数以上が刑事です。捜査一課の刑事は、昔は〝花の捜査一課〟と言われるぐらいに「聞き込みの〇〇長さん」「取調べの〇〇長（主任）さん」など、捜査経験が豊かで、かつ個性のある諸先輩がいて、事件が終わると「在庁」と称して、「事件待機番」の時にメモ帳を整理していました。

我々は巡査部長を「長さん」と愛称で呼んでいましたが、一般の方は巡査部長の刑事のことを「部長刑事」だと思い、この文字を入れ替えて「刑事部長」と錯覚し、「随分と偉い人が現場で指揮するんだな」と感心されることがあり、本当の意味を教えると大笑いになり、会話が弾みました。

ある部長刑事は「この日だ、ここから聞き込んだ奴さんがゲロったので、ホシが割れたんだ」など、メモ帳を見せながら得意気に、それも廊下を通る同僚に聞こえるように語っていました。最近は在庁と称しても所轄署で事件応援をしながらなので、メモの整理もそう簡単ではないだろうと思います。

捜査一課員がメモをするのは、

○自己の行動として記録をする
○報告時を含め、後日記憶を復元する
○公判に備える
○相手に伝える
○実験を含めて検討する
○協力者・関係者等の連絡先を保存する

ためで、このメモが集められて捜査資料の文章となり、書類としてまとめられるのです。

メモはあらゆる仕事の基本

文字というものは、平常心で書けば、落ち着きのある文字が書けるものです。ところが、心に落ち着きがない文字は、例えば払いが短かかったり長かったりとバランスが悪くなりがちです。時にはミミズが這っているような判読不能の文字だってあります。

メモに書かれた文字によって、その時の心理状態が分かると言っても過言ではありません。このような文字が集まって文章になり、その文章が集まって書類になります。

まさに「大河の流れも一滴の雫から」であり、大河となるまでには水の変化が不可欠です。

事件捜査においても同じことで、捜査方針は事件が発生（発覚）した際に捜査指揮官が、この捜査の方針を立てます。

例えば、「未明路上において男性が背広姿で倒れ、死亡している。周りに血液はなく、交通事故ではない」との110番通報が入電したとします。

最初に臨場（現場に到着）するのは、所轄署のパトロールカーを含めた地域警察官や宿直捜査員です。次が機動捜査隊、鑑識課現場鑑識係、検視官、捜査支援分析センター、捜査第一課庶務担当管理官です。

ここで殺人事件の疑いがあると、捜査第一課長の「臨場」となります。その後、殺人であると認定されれば、①被害者の身元の割り出し、②現場付近の車両・人のチェックと目撃者の確保、③付近の店、居住人等の聞き込み、④防犯・監視カメラの捜査、⑤遺留品やDNA型鑑定資料等の鑑識活動といった捜査方針が確立されます。

この捜査方針は、口頭やメモによって瞬時に示達されるのです。このメモの活用は捜査のみならず、どのような仕事においても、「聞いた、言った、このように思った、確認したという証しの一つとしてメモを残す」ことが基本で、当然のことなのです。

私が捜査一課に初めて足を踏み入れた昭和49（1974）年には、「メモのプロ」と名乗っていたK管理官の存在がありました。この管理官は現場に臨場すると、現場の観察結果をメモし、そのメモの内容を、模造紙に黒字用マジックを使用して記載していました。

そのメモには通報時間から現場の状況まで記されており、メモ以外にポラロイド写真も貼られているので、刑事はあえて保存した現場内に入る手間がいりませんでした。とにかく正確でしたし、そのことで刑事に現場を荒らされることがなく、鑑識課員は採取活動に専念できたのです。

真実を見つけ出したメモ

刑事の仕事は、テレビドラマや映画のような「あっと驚くような事件や逮捕劇」ではありません。時には、事件にならないような親子喧嘩や企業リスク関係の相談・訴えもあります。その扱う範囲は、ゴミ山の処理から天下国家を動かすような汚職まで担当するのですから、ドラマのように放送時間内に検挙・解決することができないことが多いのです。

昔なら大家に警察手帳を示して「ちょっと空き家を見たいのですが」と伝えると、「刑事さんね、どうぞ、どうぞ」と快く案内していただいたのですが、最近は人権意識が高まったせいか、警察手帳そのものを疑うような目で「このマークは警察のものですか。写真はあなたですか。この写真、人相が悪いですね」などとまず聞かれます。

刑事としては、例えば空き家対策として、「空き家ではないか、放火される危険個所でないか」といったことを確認するのにも、「(中に入りたいのなら）裁判所の令状を持ってこい」と言われるのですから、一体誰のために空き家をチェックしているのか、分からなくなるご時世です。

犯罪捜査に関しては、客観的な証拠になるメモを探し求めます。現場に残されたメモを発見したことで事件全体が把握され、ホシ（以下被疑者と呼称）を検挙した例は多くあります。

そのために事件によって、捜索差押（一般的な家宅捜索のこと）する際には、必ず差押（押収）する物件として最後の項目に、「その他本件に関係あるメモ、写真等の物件」を挿入して、発見した場合に押収できるように裁判官に請求するのです。

事例1：犯行場所の地図を記入したメモを置き忘れた連続強盗被疑者

平成15（2003）年師走の夜半、渋谷繁華街の雑居ビル8階にある会社事務所の無施錠の出入り口ドアから6名の男が流れ込み、残業中の男性（48歳）ほか1名にナイフを突きつけて「金を出せ」と現金を要求したうえ、被害者の両手を手錠で緊縛して、売上金42万円を強取する、という刃物使用強盗事件が発生しました。

その後同じ時間帯で、高田馬場で38万円、次に真昼に調布の一軒家にも拳銃のようなものを使用して押し込み、現金1000万円を強取しました。被疑者は実行犯が6人で、ナイフや拳銃のようなものを所持して連続的に犯行していることから、早期に検挙すべく捜査本部をM1署に設置して捜査をしていました。

4件目は年明けの2月、吉祥寺駅近くの一軒家が襲われました。玄関のチャイムが鳴ったので、家主の男性（45歳）が応対に出ると、ナイフを前胸部に突きつけ「おとなしくしていれば殺さない」と脅迫して粘着テープで目隠し、手足を緊縛して「金を出せ」「キャッシュカードの暗証番号を教えろ」等と脅迫、現金212万円とキャッシュカードを強取し約580万円を引き下ろしたのです。

逃走の際には「時計のアラームは7時にセットしたので、7時に解け。その前に解いたらちゃんと見ているからな」とあたかも動向監視しているような捨て台詞を残して立ち去りました。この時点で、犯行グループは実行犯7名にキャッシュカードの下ろし役1名の合計8名で、捨て台詞から前歴があると推定されました。

また、主犯格Aの指示により、役割分担も決められ、刃物の扱い方を熟知していることから暴力団関係者が関与している可能性がありました。

発生から16日後、再見分を実施していたところ、被害者方6畳和室にメモ帳・B5判大学ノート（25×18センチメートル）を発見、息子のものでないことが判明し、遺留品と特定しました。

同メモ帳には、被害場所の地図と被害者宅の見取り図、被害者宅の電話番号が記載されていました。また、他のページには、共犯者の名前と金融機関、口座番号が記載されていました。

その後も7月と8月3件の連続緊縛強盗事件が発生していましたが、捜査は遺留品のメモ帳の金融機関の捜査によって、Bが脅迫役の人物で前科があることが判明しました。

さらにメモ帳から検出された指紋から元団体役員の前歴者Aが浮上しました。Aはかつて被害者宅に出入りしており内情を周知している人物でありました。また、平成15（2003）年に闇の職安サイトでBを知り親しくなったことが判明したのです。

そして、連絡ルートからの捜査で8名が点から線へ結びつき、検挙したのです。一冊のメモ帳、それを再臨場で発見した刑事の執念と情熱は、今も捜査一課の歴史と伝統の中で着実に引き継がれています。

警察手帳にメモは取らない

現在の警察手帳（2002年10月変更）は、米国の警察官が使用しているものに似ており、以前のものと違い、名刺を1枚も入れれば他のものを入れることができません。以前の警察手帳では、表面の黒革に金文字で旭日章と「警視庁」の文字が刻み込まれて名刺は3枚入れるように義務づけられていました。

手帳を開くと、警察官姿の写真、階級（警視庁巡査等）、氏名があり、右上に職員番号（第12345号）と貸与年月日が記載されていました。その裏側には記事用紙が挟み込めるようにポケットになっており、記事用紙が収納されていました。

この記事用紙には、所属長の訓授要旨や上司の指示を記載するように教えられ、1カ月に1回は点検がありました。警察手帳には、名刺以外のものを収納してはならない決まりでしたが、唯一拳銃の番号札（拳銃の受け渡し用）は収納されていました。

記事用紙は、訓授や指示等の警察内部での示達事項を記載するために使用していたので、前述のとおり刑事の中にはこの記事用紙を余分に受け取って、聞き込み時に使用することもありました。

大多数の者は、聞き込み用としてメモ用紙の綴りを作ったり、警視庁信用組合（警視庁職員のためにある金融機関、現在は皇宮警察職員も利用している）や企業が無償で配布する手帳を使用していました。

ドラマの世界では、警察手帳に記入している刑事の姿がありますが、私の経験では、そのように警察手帳を広げてメモをしている、捜査感覚のない刑事と接触したことがなかったので、奇異に感じていました。

筆者が本当に捜査に使用していた手帳
(文字は読めないように加工しています)
※この手帳は火災犯捜査係の近藤正彦氏が製作し、私に「この手帳にメモをしてホシを検挙せよ」といただいたものです。

メモに欠かせない筆記具

メモをするには、書くものとそれを書き残すための紙が不可欠です。一般的には、筆記用具と紙になりますが、メモをする目的によって使うものが異なります。刑事は筆記用具としてボールペンの使用が多いのですが、私が現役の刑事のころは万年筆がブームであったこともあり、高価な万年筆でメモを取ったこともありましたし、供述調書にも使用していました。

しかし、当時はコピー機が普及しておらず、調書を作成するには紙と紙との間にカーボン（当初は両面カーボンで手が汚れたが、しばらくして片面のみとなった）を入れて複写することが多かったので、万年筆よりもボールペン、それも太字用を使用していました。太字の方が、インクの出がよくて調書では文字を流れるように書くことができました。ただし欠点として、インク漏れがあり、ワイシャツのポケットを汚して、家内から「洗濯代が高い」と、時折小言を言われたものでした（笑）。

当時の筆記用具として欠かせなかったのが、「鉛筆」、それも3分の1ぐらいの短い使い捨て直前のものでした。ものを大事にするのは当然ですが、この鉛筆が意外なところで力を発揮するのです。それは聞き込み先でのメモです。

聞き込んでいる内容を記載するとき、この短い鉛筆が威力を発揮します。常時使用するということではなく、聞き込み先の相手によっては刑事がメモをすることと自体を嫌う人もいるからです。

コートの右ポケットに折りたたんだ紙を忍ばせ、その紙に短い鉛筆でポイントを殴り書きするのです。これがズボンですと上手く書けないのですが、コートではポケットに余裕があり、案外書けるんです。コートを着て警察手帳を開きながら聞き込みをする刑事の姿は絵になりますが、短い鉛筆はこんなところで活用しているのです。

当時の色鉛筆は一般的に赤と青の二色でしたが、その赤に薄いのと濃いのがあり、その濃淡によって情報の重要性を分けている刑事もいました。現在は多彩な色があるので、容易に色別ができますが、当時は色々な面で工夫をしていたのです。

実際に使っているメモ帳・ノート

刑事が使用するメモ用紙は、二つありました。一つが手帳と同じ機能をする「メモ用紙」で、もう一つが「備忘録」です。

刑事として捜査に専従したのが昭和46（1971）年でしたが、そのころはメモ用紙が不足していたので、手帳のように機能するメモ帳は、新聞の折りたたみ広告紙の裏紙を裁断して使用していました。

手作りとは聞こえはいいですが、一冊のメモ帳を作り上げるのに数時間を要していました。文房具店には、手帳やメモ帳は販売されていましたが、それを購入して使用している刑事はいませんでした。

また、警察手帳には、メモができる記事用紙が一冊入っていました。この記事用紙は補充ができるので、警察手帳本体から記事用紙を抜き出して聞き込みなどで使用していたのです。

また「備忘録」といって、B４判の大きさのメモ帳を作っていました。表紙は白色厚紙で、「備忘録　強行犯久保刑事　電話×××」とあり、中身はわら半紙（白紙ではなく藁の色薄茶色）の一枚目に、身上関係が聞けるようにガリ版印刷をした用紙がありました。

綴じ紐は、黒色紐はなかなか支給されず、これも手製で、それも紙で作っていました。先輩は「刑事は何でもできなければダメだ」と一喝、メモを綴じる紐を紙縒《こよ》りと言って、供述調書（数年後に現在の紙質がよい厚いものとなった）の補充用紙を両手の人さし指・中指で丸めるようにして作り上げていました。

この作業は簡単にできるものではなく、まさに縄を作るのと同じで、根気も必要で記録係の先輩がＯＫを出す基準に達するまでに数カ月かかっていました。

現在は、文房具店で販売しているシステム手帳や大学ノートを使用している刑事が多いです。白紙には左側に上下のラインを引いて、日時や項目を入れて分かりやすいように使用していました。

一服コラム❶ 一流の刑事＝執念×情熱×思考力

現職時は、一流の刑事の要件として「執念・情熱・思考力」、特に思考力については、「脳みそに汗をかくまで考える」を唱えてきました。ですが、その方程式が「＋」なのか「×」なのかは分からないままでした。

それが、ＪＡＬ名誉会長、稲盛和夫氏の成功方程式「人生・仕事の結果＝考え方×熱意×能力」を知ってからは、その方程式を取り入れて「一流の刑事＝執念×情熱×思考力」と考えるようになりました。

「執念」とは、被害者の無念な叫びや自身の生きざまのために事件を解決検挙する意気込みのことです。刑事は志望してなっているので、意気込みが最低で50、最高で100の範囲になります。

「情熱」は、他人の心を燃やすためにも自らが燃えるので、最低50～100の範囲、「思考力」は仕事にかこつけて昇任試験勉強をしないので、最低-50～50の範囲。例えば一流の刑事は成果（検挙）が一番、そうすると足し算だと、執念100＋情熱100＋思考力0＝200、ところがこれが掛け算だと100×100×0＝0です。思考力、考える力が0以上でなければ評価されないのでとても大切なのです。脳みそに汗をかけば事件検挙となる証しです。企業人も執念・情熱・思考力が大事です。

読者の中には、なぜ刑事の執念や情熱の最低が50であるかという疑問を持たれる方もいると思いますので、その疑問に答えておきます。

それは刑事になるには、捜査（刑事）講習を受けるための予備試験があるからです。一次試験の書類選考では、業務実績や平素の行状が対象となります。

ですから、刑事を志望していても、日常の行状や実績が高くないと捜査講習試験を受験できないのです。次が業務に関する試験、面接試験と進みますので、自ずと刑事としての執念や情熱は少なくとも「50」以上なのです。体力、気力、行動力は、通常の警察官よりも高いレベルにある人が多いようです。

第2章

聞き込み時のメモ術で情報を引き出せ！

初動現場でのメモ取り

読者の方は、事件＝殺人現場を想像しやすいでしょうが、日本での殺人事件の発生件数は2015年で933件です。

殺人などのような凶悪な事件より、日常的に多いのが、自宅やマンションに侵入する窃盗、泥棒などになります。同じく、2015年では侵入盗8万6373件、この中で空き巣（家人等が不在の住宅の屋内に侵入し、金品を窃取するもの）3万1430件、居空き（家人等が在宅しているすきに住宅に侵入し、金品を窃取するもの）2410件、忍び込み（夜間家人等が就寝時に住居の屋内に侵入し、金品を窃取するもの）1万2251件となります。

所轄署の刑事の基本は、窃盗犯捜査、泥棒捜査に始まるわけです。川魚釣りの名人は「ヘラブナに始まりヘラブナに終わる」と言われていますが、このヘラブナが刑事にとっての「泥棒」です。

刑事は、事件発生があると鑑識員と連れ立って現場に臨場して、被害者や発見者等から事情聴取をし、さらに被疑者を特定するために現場観察を行います。現場観察のポイントは、まず事件か否かの特定を、家人から聞き込んだり、侵入口の侵入手段から総合的に判断します。刑事は、被疑者になったつもりで、まさに仮想被疑者として現場で行動するのです。

その際には、臨場カバンに収納されている臨場メモ（A4判の裏表2枚綴り）、正確には臨場実施簿に、刑事が五鑑によって観察した結果を記入するのです。観察項目は、被害者名・被害日時・場所、被害金品、被害現場付近の状況、現場の建物、侵入経路、侵入口、侵入方法、侵入用具、屋内の物色箇所・対象物、物色方法、物色に使用した用具、物色の特癖《とくへき》、遺留品、逃走経路などで、その項目に従って、外周から中心部へ観察しながら、臨場メモに見取り図とともに筆記するのです。

筆記した臨場メモを活用して、パソコンに被害の発生状況を入力するので、刑事は宿直明けであってもすぐに退署できず、被害臨場を終えてパソコン入力をし終えなければなりません。そうでなければ、窃盗犯を検挙するための犯行予測箇所を推定できず、また被害品の登録も遅くなり、職務質問にも影響するのです。

私は、駆け出しの刑事のころ、「痛い」経験をしたことがあります。

盗難現場に臨場し、臨場メモの作成を補助しながら見分していた際に、「署に連絡すること」を思い立ち、被害者宅の電話を使って、被害現場に散らばっていた広告紙の裏にメモをしたのです。指紋採取が終わっていない受話器、物色散乱していた現場にあった広告紙を使うこと自体、今なら考えられない行為です。

若くしてデカになったというウヌボレがこのような行為を誘発させたのでしょう。この現場を疎かにしたために、先輩から鉄拳という叱責を加えられたのです(そういう時代でした)。そして、「お前みたいな奴の面倒なんか見たくない。毎日現場に行ってホシを捕まえてこい」と、下命されました。

最初は、仕方なしに「細かいこと言い過ぎる」などと愚痴を言いながら現場に通っていました。何回も通ううちに、近所の素行不良者や犯罪の発生状況を聞き込み、本件と同じ手口の未遂現場があることが判明しました。また、私がメモをした広告紙は当日駅前で配布されているもので、被疑者の持ち込み物の可能性があることが判明しました。

この被疑者は、1カ月後に指紋で割れました。

それも、私がメモをした広告紙から検出した遺留指紋だったと先輩が言うのです。「現場百遍」「現場は証拠の宝の山」と言われます。その現場を疎かにしてはいけないことを「鉄拳」と「再臨場」という行動で教えてくれた先輩を憎んだことも、しばしばありました。

しかし、現場を踏めば踏むほど、刑事の道を歩みデカ長になればなるほど、先輩の教えが正しく、どれほど自分が愚かであったかが身に染みてきました。そして捜査係長になったころには、叱ってくれた先輩に感謝の気持ちが湧き、先輩に

「あの時は痛かった。でも今はありがたい」と伝えたのです。その場所は居酒屋で、酒が入らないと言えないぐらい、その先輩は怖かったのです。

「再見分が新たな閃きを生む」ことを教えられ、以後は実践し始めたのです。

また、「現場を見る目」を、後輩にどう伝えるかに腐心する中で、さらにそれを自分のものにしてきたように思います。後輩の技量を高め、自己を高める「教えて学ぶ」ということは、大変な喜びを感じられるものでした。

聞き込みでのメモ取り

この被害見分や鑑識活動を終えたら、被害現場付近の聞き込みを実施します。服装は宿直明けであればそのまま着替えをせずに、また日勤勤務であれば背広姿で行います。

その目的は、

○被疑者や不審者等の目撃者の発見確保
○その目撃者を知っている者の発見確保
○被害時間帯に通行した人や車の確保
○被疑者の犯行前後の目撃状況と遺留品の検索

などについて聞き込む、という被疑者の割り出しです。この聞き込みの難しさは、聞き込み先の方が快く応じてくれるか否かにかかっています。協力を得れば聞き込みがスムーズにいくので、メモも堂々と作成することができますが、その反面、非協力的な場合は難儀をしました。

このことは当たり前のことですが、その当たり前のことを突破できるか否かで、捜査の展開はかなり違ってくるので、いかにして協力者にできるかが刑事の「センス」にかかっています。

あえてセンスと言いましたが、これは訪問販売でも同じことが言えます。最初の聞き込み先が肝心であって、最初がスムーズにいくと、2軒目3軒目もスムーズに聞き込みができるものです。

それは、その日の第一印象、刑事自身には気づきにくいことも多い、服装や態度、そして言葉遣いの第一印象が聞き込み先に影響を与えることが多いのです。

刑事になった当初は「この地域は非協力的だ」と嘆いたこともありましたが、その要因の多くは私自身の第一印象の悪さと、あえていうなら平素の警察活動です。管轄警察署の日頃からの管内住民との関係構築が重要です。

いつ、どんな状況でも的確にメモを取る力

当たり前のことですが、メモは書こうとしなければ書けません。

とっさにメモを取ろうとしても、紙と筆記用具がなければ取れないことも事実です。小説家がいくら頭の中で素晴らしい作品を構成していても、それが目に見える形になっていなければ、ただの空想です。

メモが集まることによって紙面を満たし、その情景や訴えたいことが明らかになります。空想だけでは、とても世の中に広めることはできず、○○受賞、つまり社会的評価や金銭的価値も得られないのです。

刑事にとっても、メモは被疑者検挙につながる有力情報を含む被疑者割り出しや動機解明のヒントを与える、宝の山です。1枚のメモ紙片を疎かにすれば、事件は闇に向かいますし、反面それを生かすことによって被疑者の浮上・検挙、そして警視総監賞という功績を手に入れることもできるのです。

だから刑事は、普段からカバンの中に「小型の懐中電灯、ルーペ、色別帳、指印用インク、筆記用具（ボールペン、赤色鉛筆）、メモ帳、おりたたみ傘」を入れて、何時でも対応できるようにしています。

そのための訓練は、警察学校に入校した時から始まっています。それは、毎週1回午前8時30分からの学校長の訓示です。

全校学生（私たちのころは「教習生」）は川路大警視広場に集合整列をして、

学校長の訓示を学生手帳（黒色紙製の表紙6×11センチメートル大）の記事用紙に記入するのです。

ちなみに、昭和42（1967）年3月23日木曜日の私の手帳には、次のように記載されていました。

天気晴天。

○自分のために何事も考えないこと
○他人のことを考えないエゴイシズムはいけない
○相手の立場を十分に考えまじめな人
○因縁というものは大変奇妙なことである
○お互いに理解することが大切である
○厳しい訓練でも相手のことを考えない人間は愚かである

18歳の警察官は、既に上司の話を簡潔にメモする訓練がなされていたのです。そのために刑事になってからも、どんな状況でもメモを取れるのです。それはあくまでも書くことによって、上司の指示内容を理解することと、後日、記憶をよみがえらせるためでした。

メモが間に合わない！ とっさの刑事の記憶術

刑事であっても、体調の悪いときや事件の全体像を知らない場合は、相手の話が理解できないこともあります。メモを書く訓練をしてきても、ＩＣレコーダーのように万能ではありません。では、メモが間に合わないときはどうするのでしょうか。

刑事が二人一組で捜査をしているのは、駕籠を前後で担ぐ相棒と同じであると説明しました。聞き込み先の方の口調が速ければ、それをゆっくりした口調で話していただく必要があります。

一番簡単な方法は、二人のうち記録を担当する者が、

「今日は風邪をひいて耳鳴りがしています。この耳は普段ですと隣の声まで聞き取れるのですが、今日はすみません……」

と刑事の体調が悪いことを前面に出して聞き取れる口調にしていただきます。

この行為自体は「嘘つき」ですが、聞き込み先の方に「あなたの話し方が速いので……」と伝えると、「それなら結構」と聞き込みを打ち切られますので、事件の真相解明のためには「嘘も方便」が許されるでしょう。

また、相手に対してオウム返しに尋ねて確認する方法もあります。この方法を使っていたのが、巨人軍の長嶋茂雄終身名誉監督です。長嶋さんとは、私が田園調布署長時代に通算して10回はお会いしています。

初めて面談したのは、平成13（2001）年3月、田園調布警察署署長室です。

いつも署長が交代すると挨拶に見えており、その時は東京ドームの帰りとか話し

ていました。

ソファーに軽く腰を下ろし、両足の膝頭を接触させた女性のような足組みに、ミスターの謙虚さが滲み出ていました。

その際、「今も毎朝ジョギングか何かをやっているのですか」と尋ねたところ、「朝、ジョギングをやっているか？　ですか」と確認を求められましたので、「そうです」と伝えたら、「ええ、近所の公園まで……」と答えてくださいました。

それを皮切りに、数回質問をしても必ず質問事項を尋ねてから答えられていました。本当に実直でオーラが漂っていました。以後も白昼に刃物使用の強盗に入られてそれを検挙した時も、私のみならず警察官にとても親しく接していただいたのです。

おそらく現在も、質問の回答にはとても気を使って、一旦質問事項を確認した後、的外れな答えをしないように気配りをされていると思います。

刑事は、そのようにオウム返しに質問をしてメモを作成します。それでも間に合わないときは、最初と最後、そして中間の3箇所を記憶します。これは心理学上においても有効な方法です。

人前でメモは取らない!?

刑事のみならず、ビジネスマンはメモを取る際にその場の雰囲気を敏感に察知しないと、後日リスクを背負うことになります。

よくある事例としては、殺人事件が発生し、顔に布が掛けられていたり、あたかも自殺を装ったりなど、犯行手段からして顔見知りの事件と認定した場合に、被害者の葬儀における遺族や弔問客の動きを把握することがあります。

刑事としては、お通夜や告別式等の葬儀に出入りする者の中に被疑者がいる可能性が高いので、まず参列者の氏名やお供え物、そして会話に注目しています。

ところが、お清めの席上で弔問客が話す言葉をメモすることはできません。その理由は、メモすることによって「私は刑事だ。皆さん、言葉には気を付けてください」と刑事の身分を明らかにしてしまい、「神聖な場所で何をメモしている。おかしな奴だ」と不評を買い、後日抗議を受けることとなるからです。これは、結婚式や食事会等大勢の方が集まる儀式の場合も当てはまるでしょう。

それでは、このような時でもメモを取らないのかといえばそうではなく、メモを取らないと忘れてしまうこと、電話番号や住所の番地、金額等数字は、やはりメモを取ることになります。

その場の雰囲気を汚さないように、箸入れの紙、ナプキン等にさりげなくメモをするのです。近くに洗面所があれば、覚えられるだけ記憶して、そこのトイレを借りてゆっくりとメモをします。

聞き込みとメモ取りのコツ

刑事は、二人一組で目的地である被疑者検挙まで、捜査本部という駕籠を運ぶ、という説明をしました。捜査本部というでかい駕籠を、前の担ぎ手と後ろの担ぎ手がバランスよく進めるのです。

担ぎ手の息が合わないと前に進むどころか、ややもすると駕籠に乗っている捜査本部そのものが崩れるので、そうならないためにもお互いの気持ちが通じ合うことが大切です。

また、この二人の担ぎ手のうち、前の担ぎ手がリーダー的存在です。リーダー的担ぎ手は適正捜査をしながら被疑者検挙を目指して、「我慢、辛抱、ホシを挙げるぞ」と掛け声をかけながら前進することになります。

聞き込みも同じで、リーダー的存在が話し手で、それを「メモする」のが従者ですが、聞き込み先の相手によってはその逆の場合もあります。漫才の「ボケ」

役・「ツッコミ」役と違って、聞き込み先によって立場が交代することもあります。常に先輩が話し手というわけではないのです。

刑事のみならず、訪問販売や勧誘をしているプロであっても、得意なタイプや苦手なタイプがあります。人間は十人十色で、性格や思考、好み等異なるのです。聞き込みをする際には、攻撃的なタイプの人だったら迎撃的タイプを、古い考え方のタイプには同じようなタイプを、というように聞き込み先によって選ぶのです。

それは聞き込みの目的である「相手の胸襟を開かせて目撃や被疑者情報を聞き出す」ためです。そのことを知らずに、通り一遍のやり方で聞き込みを行うと得られる情報も入手できないことになりかねません。そうなれば、刑事なら犯人検挙ができない、企業人なら売上に貢献できないこととなります。だからこそ相手を見抜く洞察力が必要になるのです。

洞察力は、思い付きや根拠のない勘でなく、観察力による閃きや経験則による勘が生きるのです。

今ここに5枚のメモがあります。このメモは昭和59（1984）年、私が捜査第一課火災犯主任当時、3回も警部昇任試験が不合格だったことを上司が憐れみ、川路利良《かわじとしよし》大警視（警視総監）の語録「警察主眼」の中から捜査員のあるべき姿を抜粋解説したものです。

その上司の聞き込みの秘訣は「庇を借りれば、母屋に入り込める」が持論で、「探索の道」5項目を自己流にメモをして教えていただきました。少し現実的でない無理な解釈のメモですが、その上司の人柄や考え方、人間性、そして捜査への意気込みは、「有意注意」を知っている企業人にも共感を持たれるでしょう。

○探索の道その1

「探索の道　微妙の地位に至りては　声なきに聞き形なきに見るが如き無声無形

の際に感覚せざるを得ざるなり」

捜査とは一言で言えば真実を究明することです。あらゆる面に心を砕き、精密な捜査をして少しの手抜かりもないようにしなければいけません。しかも敏捷で沈着であることが必要です。耳は兎のように、鼻は犬のように、目は千里の先まで見通すようでなくてはならないのです。捜査の至妙の域に達するには、まだ声にならず、形に現れないうちに感知するほどの鋭敏な捜査感覚を養う必要があります。

そのためには、実際の事件に取り組んで真剣に研究し、思索し、行動してみることです。「事件こそ最良の師である」ことを常に念頭におき全身全霊を傾けて事件捜査に当たることが肝要です。

○探索の道その2

「探索人たる者は胆力豪勇にして表裏反覆臨機応変等其詐速に巧なるを要す」

捜査官として必要な要件は、まず胆力が強大であることです。次に臨機応変の才智、行動力があることです。しかし最も必要なのは感覚が鋭敏であることです。

○探索の道その3

「其眼色面容を見　其声音　言語を聴き其身動作を察し其手足の措く所を視る」

人の喜怒哀楽等は必ず外に表れます。だから事件捜査にあたっては、目や顔色を見て、その心の状態を感じさらに声、言葉の調子、動作、手足の状態を見て、その心中を見抜くことが必要です。

○探索の道その4

「凡そ探索上は異変の状況を聞くときは能能《よくよく》勘考熟察すべし、決して疎忽《そこつ》の挙動あるべからず、其横死等の変ある時探索の方向を定まる訣《けつ》に日、ここに人を殺せり此を殺して益する者は誰ぞ」

事件が発生し捜査方針を定める場合は、綿密な現場観察と関係者からの事情聴取を十分行い、利害関係・怨恨関係等をよく考えて捜査方針を立てなければいけません。

○探索の道その5

「凡そ人に心の浅深厚薄あり、故に此を察せずして疎忽に手を下すべからず。此を察するの術たる、先ず彼の人と為りを察し彼の容れられずんばあるべからず、彼の容れらるる術たるや、其喜怒愛憎する所を察し、其心の趣く所に同意して侵入するを要す」

人には色々な性格があります。捜査において人と接するには、相手の性格及び喜怒愛憎その他の感情の動きを十分理解し、相手の心をとらえることが必要です。

聞き取り後の情報整理術

現在は科学捜査の時代で、パソコンでの管理・分析が行われています。私のころもパソコンはありましたが、どちらかというとワープロ的な書類を作成することが多かった時代です。しかし、現在の特別捜査本部では各自にパソコンが貸与され、聞き込み結果はパソコンで入力管理ができる仕組みになりました。

捜査本部の中には、パソコンが苦手な古参の刑事もいて、彼らは旧来の捜査メモと題目のあるA４判の縦長の用紙に横文字で記載します。内容は至ってシンプルですが、被疑者に直接・間接に結びつくような情報は、デスク主任または事件担当係長に直接口頭報告をして以後の捜査について具体的な指示を受けることになっています。

一般的な聞き込みの報告書は、

1．捜査結果：○件聞き込みを実施したが、

「本件被疑者に関する情報を入手できなかった」
「本件被疑者に関する○○情報を入手した」
2. 聞き込み先：住居・職業・氏名・生年月日・電話番号
3. 内容
4. 参考事項：指紋・靴底を採取したとか

ですが、必ず被害時間帯、つまりアリバイと生年月日については細かく聴取します。読者の方にも「アリバイを聞くなんて犯人扱いするのか」と気分を悪くされた方もいると思いますが、あえて事実を伝えますと、アリバイが嘘であることを見抜かれ、被疑者であった例は多いのです。

被疑者は一般的に犯行後、嘘をついたり、着衣を破棄したり、逃亡したり、自殺を図ったりと、通常ではない動作・行動をするのです。これを「事後変化」といい、犯人である可能性が高いのです。

生年月日は、その人物を特定するのに不可欠です。同姓同名の方は、数多く存在します。企業では、例えばクレーマーの人物に年齢は尋ねますが、生年月日を尋ねるようなことをしません。それは相手がお客様で、生年月日を尋ねると失礼とお叱りを受けると思っているのです。

しかし、現実は「お年は何歳ですか」「○歳ですか。生年月日を教えてくださ い」あるいは「身分を確認する免許証を見せてください」と尋ねると、渋々ながらも返答してくれるものです。この生年月日が分かれば、ネット情報等で入手したデータと照合でき、その人物の人なりを知ることができるわけです。

自己の生年月日を暗証番号やメールアドレスの数字に使用している方を散見しますが、この数字は悪用されるので変更した方が無難でしょう。

捜査員が、一日の捜査状況を記載した捜査メモは、必ずデスク主任（警部補）、係長（係長）、管理官（警視）が決裁します。係長と管理官は、捜査メモに赤色鉛筆を使用してチェックをし、詰めが甘ければデスク主任を介して聞き込み先や裏付け先の捜査を下命します。このチェックは厳しく、それが通らないと退署できません。

その後、デスク主任を含めたデスク担当捜査員は、翌朝の捜査会議の準備をします。準備とは発表させる順番を決め、聞き込み先の人物を参考人名簿に登載、現場付近を通行した者が報告されたら図面に記入したりもします。

索引で氏名、電話番号、指掌紋、DNA型資料の採取の有無、担当者が一瞬で分かるように、システム設定します。私たちのころは、全て簿冊でした。本当に目も手も疲れたものです。

必要な情報を聞き出す会話術

孫子の兵法に、「彼を知り己を知れば百戦殆からず。彼を知らずして、己を知れば、一たび勝ちて、一たび負く。彼を知らず、己を知らざれば戦うごとに必ず敗る」というものがあります。

聞き込みは、聞き込み先との戦いではありません。しかし、「話したくない、協力したくない」という相手の言いなりになれば、それは注文が取れない御用聞きと同じです。

相手がなぜ聞き込みに応じないのか、その理由は何なのか、しっかりと生活実態や身上関係を捜査して臨むことが必要です。それを怠り、「住民は警察に協力するものだ」という驕りや権力意識を持てば、通り一遍の情報しか得られず、真実の高度な情報を得ることができません。

そのために刑事は、聞き込み先の自宅を一回りして、敷地や家屋そして乗り物、洗濯物などを自己の目で観察するのです。敷地内にサーフボードがあれば海の話を、犬を飼っていれば犬の話を、自転車があればその型式から使用方法を、洗濯物にサッカーや柔道着等があればそのスポーツの話を、最初に話題にするのです。

孫子の兵法のとおり、聞き込み先の相手を知ること、そうすれば聞き込み先に入り込めるのです。

聞き込みは、最初から目的が達成できるわけではありません。捜査に限らず、今話題になっている「企業のブランドを高める」方策にも通じることですが、別れ際の一言や態度が相手に影響を与え、心に響かせる要因です。

聞き込み先で情報を入手できなかったので「お邪魔しました。どうも」。これでは通り一遍の初級者の対応です。一流の人は必ず相手に寄り添う態度をします。「何か不安や困りごとがありましたら、いつでも連絡をください。24時間いつでもOKです」と自己の名刺に、携帯番号を記載して渡すのです。

このメモ書きが大切なのです。これは手紙や年賀状にも通じることです。

また、体調が悪いときに応対してくれたなら、必ず「体調がすぐれない中、応対していただきありがとうございました。ご協力ありがとうございました。お大事に」と感謝の言葉を添えることです。

会話中は相手の話の腰を折ったり、話し終えない前に次の話をするような失礼な振る舞いは禁物です。ブランドを高めるか否かは各個人が評価されることで、一人ひとりがその組織、企業の顔なんです。特に帽子をかぶって仕事に励んでいる方には、相手の目を見て挙手の敬礼をすると余韻が残り、後日必要な情報提供を得ることが多いのです。私服での挙手の敬礼はありませんが……。

一瞬でメモができる技術

「現在の刑事はパソコンデカ」と呼称すると、失礼な言い方でお叱りを受けそうです。しかし、現実にはメモをする＝パソコンを打つことに通じるのではないでしょうか。

紙にメモをする刑事がアナログで、パソコンができる刑事がデジタルと言える面もありますが、これだけ科学が発展している以上、パソコンをマスターできない刑事はとても「一流のデカ」にはなれません。企業でも同じで、仕事のできる者は必ずノート型パソコンをカバンに忍ばせて使用しています。

パソコンを使用すると、確かに整理に要する時間は一瞬で、かつ分析や関連情報との照合ができ効率がよいです。とは言っても、アナログの手書きも馬鹿にはできない長所があるのです。それはメモの特徴の一つである、相手に伝えることです。

メモ作成の目的は既に説明したので省略しますが、メモを受け取った者が一瞬で理解できなければなりません。そのためには、相手が読み取れる文字や記号が不可欠なのです。

文字は下手ではいけませんし、ミミズが這っているような崩す文字であってはなりません。ともかく相手がそのメモを見て瞬時に理解できることが大切です。ですから刑事は仲間内で通じる隠語や略語を用いるのです。

例えば「捜査対象者Aが容疑者として浮上したので、T警察署で事情を聴取せよ」と下命する場合、メモには「㊎TPSでタタケ」となるのです。あるいは、

「事件関係者Bが逃亡中の被疑者に連絡をした。共犯Cの張り込みをしろ」となれば、「Bハト（連絡・通報）飛ばす。レッCの行確」となります。

これをさりげなく刑事に届けさせたり、無線やメールで送信したりするのです。無線は警察無線を使用し、デジタル化によって傍受はできないといってはいますが、現実には過激派組織のアジトでは警察無線を傍受、いや盗聴しているので、マニアが盗聴している可能性は否定できないのです。人の生命に危険を及ぼす犯罪、誘拐・連れ去り等の犯罪捜査では、暗号を使用して捜査を進めているのです。

企業の業務も捜査も同じで、現場主義です。現場で働く人の一挙手一投足にかかっており、その原点は「やる気」なのです。やる気は自分のために、人のために、会社を含めた組織のためにと。この心底から燃えるようなやる気を与えるのが、手書きのメモです。

「頼むぞ！」

僅か0コンマ数秒、用紙は広告紙でも配布されているティッシュでもかまいませんし、筆記用具もボールペン、鉛筆等書くことができるものであれば何でもよいのです。それを手書きで書き渡すことがメモの使命なのです。メモには、瞬時の下命事項を伝達する目的の他に、受け取った者に感動を与える役割もあるのです。

一課長に着任して間もなく、一枚のメモが届きました。それはオウム真理教によるサリン事件を含めた一連の事件を捜査指揮したT元捜査第一課長からでありました。

万年筆で、

「貴兄が奮闘されている中を申し訳ありませんが、OBの特権故お許し下さい。歴代最強の課長を先頭にした一課の活躍の話を帰国したら拝聴しに参上しようと思っています。ご健闘を祈りつつ」

このメモを目にして、在職中このT先輩には捜査の厳しさ、それも検挙へのこだわりを嫌と云うほど叩き込まれたので、「歴代最強の課長」との褒め言葉に重圧感を覚えたものです。それと同時に、捜査の神様的存在の方からのメモに自信と希望が湧いたことも確かでした。

事例2：初動捜査での聞き込み検索のプロ・機動捜査隊

警視庁には、機動捜査隊（機捜隊）が3隊あります。第1機動捜査隊は、23区内の東側を担当管轄し、隊長は所属長（署長）経験者で、原きよ子さんが初の女性隊長として話題になりました。

第2機動捜査隊は、23区内の西側を担当管轄し、第3機動捜査隊は23区外の多摩地区を担当管轄していました。担当地域には分駐所があり、捜査車両（一般的覆面車両とか）が1～2台あります。勤務は3交代制で、3日に1日は当番勤務で、他道府県警での交番勤務と同じでした。

機動捜査隊員は現在、全員自動車運転免許証を取得し、さらに警察用車両を運転できる資格を得ています。昭和40年代には、刑事が無免許だったので、コンビの長さん（巡査部長）や主任（警部補）が万年運転担当であった分駐所もありました。現在では、運転免許証を取得していない刑事がいたこと自体が信じられないことです。

階級社会であるのに、助手席の兵隊（巡査刑事）が上司に「そこを右、その先を左」と指示し、上司が「あいよ！ OK」と相づちを打っていたというから面白い人事配置でした。そして、1年365日のうち121日は現場か、分駐所で朝日を迎えるのですから、過酷な勤務でもありました。

私は、平成元（1989）年に初めて第2機動捜査隊班長（警部）として配置になり、機捜隊の初動捜査の素晴らしさを体験しましたが、それまでは「鶏《にわとり》捜査」と、いいとこ取りの杜撰《ずさん》な捜査と決めつけていました。

この鶏捜査とは、鶏が地上であっちこっちと餌を突っついている動作のように、被疑者に関する情報について機動力を生かしてアッチへ、そこで白黒を付けずに、また情報があればコッチへと、被疑者を捜すので、「機捜は鶏捜査」と揶揄《やゆ》されていたことからきています。

この機捜隊班長の時に、N警察署N派出所で夜間勤務中の警察官2名が刺殺される事件が発生し、臨場しました。刺殺された現場の交番の机には血だまりとメモ板があり、そのメモ板には滴下血痕がありました。1名の警察官は、瀕死の状態で応援を求めるために、机上の警察電話を掛けようとしたのですが、力尽きたのでした。

そのメモ板に少年3名の自転車の登録番号と氏名・住居が黒色ボールペンで残っていたのです。「もしかすると少年が……」と被疑者になる可能性もあり、3機捜（第3機動捜査隊）の車両での捜査を依頼したのですが、結果は白でした。後日遺留指紋で被疑者を割り出すのですが、この被疑者は、被害者である警察官2名が自転車に乗っている少年3名を職務質問していることを目撃した事実を語ったのです。

この事実は、この事件の捜査に従事した警察官以外は知らないことで、秘密の暴露に匹敵することです。犯罪の被害者が記載したメモが、被疑者の犯行を裏付ける結果となったのです。

その後、副隊長・1機捜隊長を経験して、この初動捜査の素晴らしさと隊員の刑事魂に感服する事件捜査がありました。

事例3：偽造ナンバー車両による連続ひったくり事件

私が1機捜隊長当時に、F署管内の公園で男性が左胸部を刃物で刺され死亡しているのを通行人が発見し、殺人事件の特別捜査本部が設置されました。その数日後の午後8時15分ころ、隣接するK署管内において徒歩によるひったくり事件が発生し、1機捜車両2車両が臨場したのです。

被害者の女性（61歳）が、歩道上を買い物に行くために財布を片手に持って歩いていたところ、立ち小便をしていた被疑者が後方から接近し、追い抜きざまに財布をひったくり逃走したのです。機捜隊員は直ちに被害者からの事情聴取および通行人らからの目撃情報の聞き込みを実施しました。

被害者は「被害金品は５０００円位、クレジットカード1枚、商品券等。犯人は立ち小便をしていた30歳くらいの男ではないか」と、また付近の通行人からの聞き込みによると「立ち小便をしていた男が犯人と思う」「犯人は逃げて駐車していた車１２３４の助手席に乗り込んだ。運転していたのは分からない」とのことでした。

車両ナンバーは、通行人が左手甲（手背部）に黒のサインペンで「１２３４」と記入していました。これも人間の皮膚がメモ紙になった出来事でした。

そして機捜隊員は、被害品の手配をした後に、その左手手背部の数字を写真に撮影していました。その聞き込みをしている間に、千葉県U署管内のガソリンスタンドで、ひったくりの被害品クレジットカードでガソリンを入れ、ガソリン50リットルと地図４冊を騙し取った詐欺事件の通報がありました。

直ちに機捜隊員は転進してガソリンスタンド店員から車両と乗車していた者について聴取したところ「車は黒っぽいIかPで、前部に凹損していた」とのこと。また伝票には、運転席の男が「山川次郎（仮名）」と署名し、その状況は防犯ビデオに撮影されていました。

翌朝7時ころ、隣接署管内路上で、通行人がナンバー○○さXXX1枚を拾得したのです。機捜隊員は、非番でも事件捜査のためにこの拾得者のもとに出向きました。そしてこの拾得者を拾得現場に同行して意外なことを聞き出します。それは拾得したナンバーが幅員約6メートルの路側帯上に整然と置かれていたという事実でした。

「投げ捨てられたのではなく、置かれていた」

その再現状況をノートにメモし、「これは近くに居住する者がナンバーを外して置き忘れた」と推理をする機捜隊員。同日はここまで捜査をして翌日の休日を返上し、拾得ナンバーの捜査をした結果「ひったくりの前日午後11時から数時間の間に、K署管内駐車場でナンバープレート2枚が盗難に遭っている」ことが判明しました。

さらに、前述のガソリンスタンドの防犯ビデオ写真を手にして付近一体を聞き込んだところ「Sなる人物が似ている」との聞き込みを得ました。

聞き込みは生活圏捜査に及ぶと、そば屋の店主から「この写真、似顔絵の男なら近所にいます。その男の名前は分かりませんが、Kの娘と居候している。その男は、車両ナンバーの違う車を入れ替わりに乗ってくる。黒の乗用車も乗ってきては駐車している」との情報を得ました。その男を捜査すると、「S（32歳）、元暴力団組員、逮捕歴11回」の男だったのです。

Sを逮捕し、共犯者Mを特定するには、主管課捜査第三課O主任の手にかかったら、さほど時間を要するものではありませんでした。

被疑者Mは、逮捕時「ひったくりは俺一人でやった。Sは傍らにいただけだ」と共謀の事実を否認していました。共犯が逮捕されたことを知ると、「事件当日、友人と会う約束であそこまできたが、どちらからとなくひったくりをやろうと相談し合意した。Sもやろうと言った。お互い遊ぶ金がなかった。仕事もしていないので、ひったくりの話には乗った。それで俺が駐車場でナンバープレートを盗んでIにつけた。おばあさんから財布をひったくった後、Sの待つ車に乗り込み逃げた」と。

被疑者Sは、「今回のひったくりはMが命令したのではなく、車内で二人、意気投合してひったくりをやろうという気になった。大人になってからひったくりというのも恥ずかしいし、看板をしょっているし、破門という気持ちもあったが、Mがどうしてもやろうというし、二人協力して上手にやればばれないだろうと思ってやった」と供述したと聞いています。

このように暴力団は金のためならお年寄りの女性であっても狙うのです。このことは最近多発している特殊詐欺も同じで、暴力団の構成員やその周辺人物の犯行が半数以上を占めているのです。そして奪った現金は暴力団の組織の資金源になっているので、あらゆる知恵と施策によって検挙解決しなければなりません。

一服コラム❷ 能力（記憶力）の進歩

最近は「あいつだよ、あいつ」「ああ、柔道をやっていた、あの背の高い」との会話で通じるのだから不思議です。記憶は事実の忠実な記録でない点が、防犯ビデオやカメラに映し出された画面と異なります。

記憶の行程は、感覚器から入力された情報が「短期記憶」として保管されますが、そこではごく短時間しか保管されません。情報を忘れないように繰り返す等の留める努力をしなければ、数十秒で失われる（忘れる）のです。

留められた情報は、「長期記憶」に送られ長い期間保管ができます。ここでは、努力なしで保持でき、必要に応じて「短期記憶」に戻すこともできます。記憶は脳の海馬という器官が重要な役割を果たしていますが、ピアノを弾く、自転車に乗る等練習や訓練で身に付けた身体技能も広義の記憶で、手続き記憶（非宣言記憶）と呼ばれます。

エリザベス・F・ロフタスの著書『目撃者の証言』で、記憶というものは「暗示に影響を受けやすい。記憶とは図書館ではなく、『水に溶けたミルクのようなもの』である」ということを、放送大学の講義で学びました。

どこまでが事実でどこまでが想像なのか、その区別が難しいことを物語っています。先人はヘルマン・エビングハウスの著書『記憶について』の忘却曲線に着目して、聞き込みの集中期間は事件発生から21日間とし、これを「一期」としたのです。つまり、聞き込み先の人が目撃した経験は21日間しか記憶されていないので、「その間に刑事は不眠不休で聞き込みを行って、被疑者に関する情報を入手せよ」という配慮です。

第3章

メモで捜査の効率アップ！

ホワイトボードで推理？

特捜本部は、正しくは特別捜査本部です。この捜査本部には、大きく分けて刑事部長、組織犯罪対策部長、生活安全部長、公安部長等の主管部長が捜査指揮する事件と所轄署長が捜査指揮する事件があります。

そして、主管部長が捜査指揮をする捜査本部でも、警視庁の場合は特別捜査本部と捜査本部に分かれます。それは事件の規模や社会的影響等を考慮して判断するのです。

また警視庁管内の複数署が類似の事件捜査をする場合には共同捜査本部としますし、他の道府県警と関連がある事件捜査では警視庁と北海道警・X府警・X県警の合同捜査本部を設置します。

警視庁の場合、組織背景のない殺人事件の捜査本部は、主管課である捜査第一課が主体となって捜査が始められます。

初日は、初動捜査活動で鑑識課・捜査支援センター・機動捜査隊・自動車警ら隊等100名ぐらいですが、3日目あたりからはその人数も減り捜査員として50～60名ぐらいですので、それに見合った会議室が捜査本部の設置箇所となります。それぐらいの人数を収容できて資機材をおける部屋は、主として訓授場か、道場ですので、一般的に訓授場が使われます。

警察官は指示教養が徹底しており、毎日午前9時から署長訓授があります。それを勤務形態によって授訓しなければなりませんし、その前に自主的に早朝朝練柔剣道や合気道等で体力の錬成に励んでいるのです。

もちろん、目的は危険と隣り合わせの仕事ですから、まず自分の身体は自分で守る、そうでないと他人を守ることはできない、という発想です。

この署長が訓授する位置の背面に黒板があります。現在はホワイトボード（白板）で、黒色か、青色のマーカーで板書します。特捜本部が設置されると、このホワイトボードには年月日と事件の戒名が板書され、その左側には既に記載した模造紙が貼られます。

この模造紙には、発生（覚）年月日時、発生場所、被害者の人定、被疑者不詳、事案の概要等が黒色マジックで記載されています。捜査の進展によって、その事案概要表はホワイトボードを使用する関係で移動されます。そこに現場の生々しい写真を、応援に加わった捜査員のためと説明用に貼ることもあります。

その後、そのホワイトボードには、連絡用としてメモをマグネット磁石で留めてあります。これは急ぎではありませんが、デスクが電話で指定の捜査員に連絡依頼を受けたものです。葉書の半分大のメモ用紙に、所属、氏名と連絡内容を簡潔に記したものです。

このホワイトボードだけを見ると、飲食店の注文票が壁の板に貼り付けてある光景と錯覚するくらいにメモがあります。それを刑事は宝くじを得るように、自分の名前を見つけて取り出すのだから、選別能力もたいしたものです。

夜更けにはこのホワイトボードが戦術会議の場となります。ホワイトボードを使って、捜査指揮官がデスクの担当係長や主任と「犯行の方法や犯人像等」をアレコレ激論・検討するのです。

夜が更けるまで、侵入、物色、殺害、逃走方法などについて繰り返し検討会を行い、そのたびごとにノートに、「○月○日○時～○時まで、誰々と検討し、その結果、誰それは「○○」と発言し、誰それは「○○」と発言した、と主張をメモする（メモを取る）のです。

その後、午前0時前であれば、デスクが用意してある寝酒をいただき、たわいもない話をしてお開きとなるのです。

現在の捜査本部は分かりませんが、当時の捜査本部の天井には画鋲で糸が垂らしてあり、その先端に紙はさみが付けられ、検事や鑑識への時間連絡のメモが挟まれていました。空間利用です。

広い会議場で立ち上がって報告?

特捜本部では朝会（会議）用に、ホワイトボード前にひな壇が設けられており、捜査員と対面して話すようになっています。

ひな壇では管理官（管理職警部・警視）以上が席につきます。唯一、捜査第一課の事件担当係長（警部）が端の席について会議の進行を務めます。席順は主として階級順で、ひな壇の人員が偶数か奇数かによっても異なります。これは各種スポーツにおける表彰と同じです。

奇数を例にすると、中央が1番捜査第一課長（警視正）、向かって左が2番署長（警視正・警視）、右が3番目（鑑識課長）、次の4番目が2番目の左、5番目が3番目の右……となります。偶数ですと、順位が入れ替わります。

捜査本部の開始は午前9時00分、捜査第一課長と署長が室内に入ると、出入り口に席がある捜査第一課デスク主任が「気をつけ」と号令を発します。全員、気をつけ、です。そして「一課長に敬礼」で直立不動の姿勢で15度の敬礼をし、「休め」の号令で座ります。ここは捜査本部独特の雰囲気で身が引き締まる状態です。

禁煙が厳しくなる前は、会議の始まる前までタバコを吸う刑事が多かったので、開始5分前にはデスク主任が気を利かして「窓を開けよう」と伝え、窓を開けるとその窓から白い煙が狼煙のように外に立ち上がったものです。

ある署ではその煙を見た住民が「警察署が火事だ」と119番をしたという話もありました。古参の刑事の話ですから真意のほどは分かりませんが、刑事の話には尾ひれがつきやすいので、それが聞き込みで相手に関心を持たせる技なのでしょう。

刑事ドラマでは、「起立」「礼」「着席」と号令を発している場面がありますが、号令がそもそも、全く違うことに気がつかれたと思います。

さて、報告の要領です。席順は担当分野によって、ほぼ決められています。前列もしくはデスク主任の後席を基準にしますが、「鑑」「地取り」「特命」「証拠品」に大きく分けられて、組順番に着席します。

その机上には付箋が貼ってあり、組名「鑑1」「鑑2」……「地取り1」「地取り2」……という風にメモ書きがあるのです。そして、ひな壇に着席している係長（捜査第一課警部）から「鑑1」と指名されると、「ハイ」と返事をして立ち上がり、前日の捜査結果を報告します。

現在は、前夜にデスクに報告したメモのコピーを片手に持って、

「鑑1A・B（姓）組です。マル害《ガイ》の交友者○名から直当《じかあ》たりましたが、マル被《ヒ》に直結する情報を入手するに至りませんでした。詳細は報告書のとおりです」

などと、次々と指名されて報告するのです。

管理官は既に報告書を精査しているので、疑問点や確認事項を報告後に質問します。例えば、

「A主任、○○は被害発生時自宅にいたというが、それを裏付ける人物はいるのか」

「目撃者○さんが○時に目撃したとのことだが、その時間の特定は？」

とかです。その際に役立つのが相手の言動を記載したメモで、このメモ綴りを確認して答えるのです。

私が現役のころは、報告は手帳を片手に持ったまま記憶で行いました。手帳を見るのは、数字を問われたときに確認する際で、概ね記憶の範疇で報告内容を出勤時に何度も繰り返していました。懐かしい思い出です。

1時間くらいで会議を終えると、鑑・地取り・特命のグループ別に分かれて、お互いの連絡事項や注意すべき点を確認して署外に捜査に出かけるのです。ドラマでは何も持たないで出かける刑事の姿を見ますが、刑事は必ず必需品を入れるバッグや入れ物を持っています。

捜査情報を正しく伝える報告の基本

捜査情報とは、捜査によって得た情報というと聞こえはいいですが、実際何のことかと問われそうです。一言では表せませんが、事件を組み立てるその一個一個の部品であり、まさにメモはその部品です。

事件捜査においては、その捜査情報が、

○犯人を割り出すもの
○事件を立証するもの
○犯人性を裏付けるもの
○事件全体の据わりをよくするもの
○事件を崩す要因に関するもの

などを構築する価値のあるものです。

それだから、刑事は「どんな些細なことでも」「関係ないと思っても」などなど聞き込みの際に呼び掛けて、一かけらの情報を追い求めるのです。

刑事そのものが情報の入手を進展させるメモ的な役割を担っています。そしてその情報に価値があるか否かは、捜査指揮官が判断するのです。だからこそ情報を生かすも殺すも事件捜査の捜査指揮官の捜査感覚によることが多いのです。

このことは企業であるなら、職制のセンスによって「売上が最大で、経費は最小にする」理論と同じです。売れる情報だろうか、このままの単体でよいのか、それとも加工した方がよいのか、それは購入者の心理をいかにして掴むかにかかっているのです。

捜査では、バトンタッチが重要になります。そう、陸上競技におけるリレーと同じです。走者がバトンをテークオーバーゾーン20メートル区域内で次走者に渡す、それも速度を落とすことなく渡すのです。このテークオーバーゾーンからはみ出すと失格です。捜査なら適正捜査ゾーンといえます。

このリレーにおいて、「情報」というバトンを落とせば、それは次走者が拾うのでなく、渡す走者が拾うのです。つまり、情報を正しく伝えること、それが捜査の迅速化につながります。

最近、企業では報告の文化として迅速な報告、正しい報告を求めています。捜査における報告は、先に説明をしたように正しい報告を求めます。それは、人権への配慮からで、一つのメモ的な報告であっても「それがどのような根拠に基づいているか」「噂話的推測でないか」などを判断します。情報であってもＡＢＣＤでランク付けを行います。

どこの組織でも目立ちたがり屋がいます。この種の人物は、自己中心的で、人々から褒められたい喝采を浴びたいというスター的存在であることを好むので、思い込みが激しく声高のために、裏の取れない報告をしがちで、捜査を混乱させることがあります。

最近マスコミで話題となっているＳＮＳでの情報発信者は、この目立ちたがり屋や見栄を張る自己中心的タイプが、企業のためだとか、相手に口止めをしたので大丈夫と思った、などのいいわけでブランドを犯していることが多いと思います。

それはともかく、被疑者に関する報告は迅速に、事件の裏付けは客観的証拠がモットーです。

捜査一課の情報管理術

捜査は元来秘匿捜査です。海に潜って活動している潜水艦と同じです。しかし、それでは事件捜査が行われているのか、いないのか、分からないことがあるので、捜査の進展状況を広報するのです。

その広報には、事実関係を伝える広報、例えば事件発生（発覚）や検挙・救出関係と、手配やお願いの広報、例えば遺留品、不審者情報、指名手配関係などがあります。広報するのは、所轄署では副署長、捜査一課では凶悪事件の捜査を把握している一課長になります。

時折事件捜査において、被疑者が未検挙の状態であるにも関わらず被疑者の人命を軽視している報道があります。知る権利と生命の危険、どちらが優先すべきかを考えたときに事件情報の管理は極めて重要です。情報が漏れると思われる要因として、

○119番通報：マスコミは防災無線を傍受しているので、救急車の状況は入手できる

○現場で状況を目撃した通行人等は、マスコミ通報の可能性は否定できない

このように、事件情報が漏えいすることがあります。

経験則では自己の担当している事件情報を、その担当者や係員が漏らすことは稀です。それは漏れによって事件での功績がなくなるからです。一般的には、担当事件に関係がない外周付近の者が、誤ったマスコミとの絆によって、あるいは他の情報とのバター取引によって漏らすのではないかと推測しています。

捜査一課のみならず、事件担当部署においては一般企業以上に情報管理が厳し

いのです。

平成22（２０１０）年10月28日ごろにファイル共有ソフトＷＩＮＮＹネットワークにより警視庁公安部外事第三課を中心とする国際テロ組織に関する文書百数点のデータが流出し、翌日の10月29日に民間会社から神奈川県警察を介して警視庁に連絡されたというマスコミ報道がありました。

この不祥事以来、特に管理は厳しいのです。それは当然のことで、捜査一課においても、私物のパソコンは持ち込めませんし、重要な捜査書類は鍵のかかるロッカーに保管し、点検の強化がなされています。

現職管理官のころは、特捜本部に提出された捜査メモはデスク主任、次に担当係長、そして管理官の順でチェックしていましたが、時間が足りなくて官舎まで持ち帰り熟読検討したものです。それも殺人捜査担当管理官一人で、特捜本部事件の他に捜査本部事件２件の計３件です。

「仕事では余程のことがない限り、身体を壊さない」という上司の言葉を信じて寸暇を惜しんでチェックしたものでした。現代ならパワハラで訴えることもできますが、そのような組織を訴えるような考えも浮かびませんでした。

これも花の捜査一課員のみが付けられる「S1Sバッジ」に誇りを持って、被害者の無念を晴らすために、自己の刑事力量を一級に仕上げるために、時間があればホシを追い求めた人生でした。ここで、企業でも同じであろう一流の刑事の心構えを紹介しましょう。

1. 被害者の守護神として、犯人検挙の執念を持つ

事件検挙がデカの使命と責任であることを認識し、迅速な検挙解決で模倣事件の抑止効果を図る。
○壁に当たった時こそ、自己が成長する機会と捉えて創意と工夫で突破する。それを成し遂げられない場合は視線を変えて、全方向の空間も利用して乗り越える
○組織の一員である自覚と誇りを持って、ベクトルを合わせて持ち場、持ち場で

成果をあげる

・私心を捨てて、「俺がやらねば誰がやる、今やらねば何時できるか」と、後悔しない決意で行動する

・目先のことを考えず、与えられた任務は前向きに愚直に実践する

○捜査員は家族、家族愛が礎である

・お互いの相棒を信頼・労り、地べたを這いずり回り、難しく困難な事件の解決を目標に成し遂げる

・相棒の成果は褒め讃え、足りない点はアドバイスをして捜査力を補強し、達成感を経験させ更なるやる気を生じさせる

・打てば響く鋭敏な感覚、阿吽の呼吸で、相乗効果も高める

2. 事件概要を把握し、ムダ・ムリ・ムラのない捜査により結果を出す

「犯人は誰か!」、それが捜査の目標で、犯人を検挙し罪を償わせることで終結

する。

○捜査感覚（センス）を働かせる

・目撃者や参考人の供述を鵜呑みにしていないか

時系列や地図、目撃地点メモの活用

・事実の真相は何か、客観的に証明されているか

供述者の思い違いや勘違い、供述者の供述比較表での矛盾点

供述は、他のメモや証拠の供述との矛盾点

判断した根拠

○効率的捜査

・客観的証拠の収集と検討

人的、物的資料の散逸防止

記憶が薄れないうちに聞き取りメモや録音の活用

○報告連絡は組織の要、軽重緩急を判断してメモをして報告する

・犯行日時と矛盾はないか
・犯行場所と関連あるか
・犯人像を明らかにする
・凶器・遺留品等の発見に努める
・被害品、被疑者との関係
・被害者に関する情報
・最後の足、生活状況、被害の交友等の実態把握
・類似事件や未遂事件の入手

3. 教訓は検挙したからこそ生じるので、事件解決の検証は怠らない

事件捜査は未解決や失敗から教訓を得られない。それは何が未解決の原因であったか、被疑者を検挙していない限り真実を語れないのが捜査である。

○反省検討

・被疑者の浮上、割り出し、客観的証拠の収集の問題点
・犯人性の問題点
・鑑識活動、鑑定・追跡捜査あり方
・補充捜査：足りない部分のアドバイス

4. 協力者の確保

捜査に協力しないのは、事件捜査に関わり合いたくないか、警察との間に何らかの嫌な経験を有したか、その現実を直視して足りない点を是正する。

・真の協力者は協力者を呼び寄せる
　真の協力者とは人を裏切らず、水面の波紋のように更なる善良な仲間を呼び寄せる人達である
・相手を説得する能力も仕事人間の生命である
・相手との視線、立場に立って理解・協力を求める

・血が通った日常業務の取り扱いが大切である

特に地域警察官のパトロールメモ（パトロール中に「門扉が開いていましたので、閉めました」などのメモ）は地域住民に安心感を与える

○見返りを求めない誠実な努力

・最後の締め、「協力のお礼」「相手を気遣う」一言、敬礼

対人関係は、最後の別れ際の言葉が大切。締めの言葉がいい加減であれば、時にはＳＮＳによって捜査内容が流出し、捜査妨害となることもある

警察隠語を理解しよう

隠語は決して警察社会のみにあるのではなく、企業にしてもその社員間で通じる言葉がありますし、若者はもちろん年配者の間でも通じる隠語を、社会全体が使用しています。

なぜ隠語を用いるのでしょうか。それには二つの理由があり、一つは組織内の情報を知られたくない、つまり組織内のみの共有語としてであり、もう一つは簡潔に伝えるための略語なのです。

前者であるなら、大衆酒場で会社の悪評を隠語を用いて語り合っても、その周辺者には何のことを話しているのか分かりません。まさに方言や外国語を理解していない者の前で話すのと同じで、あえて他人に知られたくないことをヒソヒソ話する必要もないので、とても便利です。

ところで、警察隠語というと、軍隊でよく使われていたマルをつけることが多いです。マル秘（秘文書）、マル被（被疑者、他道府県ではタマと呼称するところもある）、マル容（容疑者）、マル目（目撃者）、マル対（捜査対象者）、マル精（精神異常者をさすが現在は使用せず、ＭＤ）、マル窃（窃盗）、マル姦（姦淫）等があります。

警察隠語の例

パクる、ガラをとる	逮捕する
ガサをやる	捜索する
アイ・エヌ・ジイ	進行中、ING
アカ	放火
アキ	空き巣
ホシを挙げた	被疑者検挙
当たりをつける	相手の金品を物色する
あてうま	利用されること
油紙	口の軽いこと
アポ	連絡者
アヤをつける	因縁をつける
あらめん	初対面
アリンコ	歩いている人
暗箱	留置場
いかさま	ごまかし

警察隠語で作業効率アップ

警察隠語と企業が使用する隠語とに違いがあるのだろうか、という質問が現職時にありました。

隠語は、企業や特定のグループ、仲間内だけで通じる言葉、言い回し、専門用語のことであって、外部にその内容が知られないことが大切です。反社会的人間同士のみならず仲間意識を共有すること等に使用されています。

隠語は「業界用語」として多く使われています。例えば、タクシー業界においては、道路における交通速度違反の取り締まりについて、「○○地点で工事中、迂回されたい」とか、強盗犯人の手配については、「子犬の手配、人相着衣を」(実際に警察では「子犬の手配」でなく別の用語)がタクシー無線で流されたりします。銀行業界では行内に不審な客がいれば「○カウンターに通帳の忘れ物」等、独特の言い回しがあります。

これらは、主として防犯的観念からで、未だ発生件数の多い特殊詐欺についても、電話が掛かってきたら息子の名前を本名でなく、事前に決めている「○○か」という合い言葉を使うことも、広い意味で隠語と言えるでしょう。

新宿署捜査係長のころ、刑事課の全体会議で質店からの「タレこみ（隠語：申告）」の隠語を決めた経緯がありました。それまで、各自がお得意先の質店を持っていたので、「そんなことは必要ない」という古参の刑事もいましたが、盗難品を質店に持ち込んだ者が現れたら、質店ではそば屋への注文を装い、電話で刑事課に「○○質屋です。かつ丼○個をお願い」と連絡することが、古物商組合との間で合意されたのです。「○個」の個数は被疑者の人数です。

この取り決めを行って最初のころの刑事課では、刑事課に被疑者を連行したりする地域の警察官に、かつ丼の意味を知らせなかったので、電話に出た警察官が「ここはそば屋ではない」と切断することが数件続きました。なお現在は、「かつ丼」でないとのことです。

また質店はグニヤ（5＋2＝7：しちや）。この隠語は仲間同士しか通じないので、まさに暗号と同じで秘匿性が高いのです。そして文章にしても速く書くことができます。

例えば、秘密は「㋪」、被疑者は「ホシ」「タマ」、暴力団・やくざは「893」、捜査対象者の行動確認なら「コウカク」、解除命令なら「517」、その命令が了解なら「617」、住居は「ヤサ」とか、刑法における罪名も、窃盗なら「ウカンムリ」、詐欺なら「ゴンベン」、汚職なら「サンズイ」、殺人なら「コロシ」、強盗なら「タタキ」などといったものがあります。

メモがきっかけで事件が解決

メモの入手によって、目撃車両が判明し、被疑者が浮上したり、メモ自体から被疑者が割り出されることも多いです。昨今、元スポーツ選手やミュージシャンなどの驚くような著名人が覚醒剤違反で逮捕起訴されることが多いですが、この種の薬物事件捜査においては捜査対象者が破棄する、一見無価値なゴミを精査すると、捜査対象者の犯罪行為を立証できるメモを発見できます。

もちろん、そのメモ用紙には取引先の電話番号が記載されていることもありま す。一流の刑事は、一片のメモ紙片に何を求めるのでしょうか。捨てた紙片、そこから臭いを嗅いでも何もありません。しかし、紙片をそのままの状態で保管して科学捜査研究所に持ち込めば、微量の覚醒剤を採取発見できるし、鑑識課でニンヒドリン溶液をかけて指紋検出を試みれば、別人が浮かび上がることもあります。

何もせず「何もない」と自己判断して再び捨てればただの紙片で、それでは刑事として失格のレッテルが貼られるでしょう。このことは企業の現場でも同じです。

例えば、売り場で「今日は雨だからお客がこない。売上が上がらない」と嘆いた後に「雨だから仕方ない」と気象のせいにして努力をしようとしない行為、それでよいのでしょうか。そのような店は晴れていても、さほど売上が上がらないでしょう。雨だから客が外出しない、だったら店の者が御用聞きにいけばよいのです。

売上をいかにして伸ばすか、その発想と行動が売上を左右します。この考えは、昔の刑事が降雨のときには率先して非協力的な聞き込み先や重要な情報を持っている相手と接触していたことに通じます。その心は、相手に刑事の大変な姿を見せ、「雨降りでも殺された方のために頑張っている。それなら協力しよう」と、情に訴えて心を開かせていたのです。

忘れ物防止メモ

最近は、同じ年代の方と、スポーツやカラオケなどの会合が多くありますが、会合の話題は、年金・健康そして孫の話です。不思議と主語のない「アレ、コレ、ソレ」で分かるのですから不思議なことです。名前を思い出す必要もなく、「どこそこのアイツ」で通じるのです。老眼鏡を帽子の上にかけて「眼鏡がない」と探したり、「車のカギを左手に持ちながらキーがないない」と騒いだりしている仲間です。

刑事のころはそんなことをやる余裕もありませんでした。特に被疑者を検挙する前日は、持参する必需品や段取りを点検したものですが、今はそのようなことも気にせずに気ままに出かけることができます。

しかし、遠方に出かける際には、必ず「傘」を持って行きます。その時は冷蔵庫か、テーブル上に、家内が「傘はどこそこにある」とメモを残してありかを教えてくれます。メモには、このように忘れ防止の役割もあるのです。ありがたいことです。

この「傘」は決して疎かにしません。それは自分の分身のように戦友なのです。雨が降れば、濡れないように、日差しが強ければ日傘として身を守ってくれるのです。この傘を忘れたことによって、聞き込み先に嫌がられたり、風邪をひいたりしたことがあったからです。そのような経験を有している刑事は、決して傘を手放しません。大事にします。

先輩一課長は、「傘は捜査本部だ。心棒・骨組み・布と、その持ち場持ち場で、係員が懸命に役割を果たす。仲間に感謝をするんだ」と教えを受けました。この言葉をメモして、自分のものにし、私がいま勤務する企業内でも傘の効用を語っています。「役員が守られているのは部下と云う傘のお陰、傘の効用を知り、傘つまり部下を日常大切に大事に接すること……」と。その成果であるのか、役員担当者の動きとセンスが目を見張るほど抜群です。一言のメモが、今なお職場でアメーバーのように生きながら拡大しているのです。

事例4：親戚の結婚式の祝い金を使い込み、責めた妻を殺害

平成15（2003）年3月の中旬、M2署管内では、姪の結婚式が始まる1時間前になっても両親が結婚式場に姿を見せなかったので、被害者の次男（38歳）が不審に思い、午後0時10分ころ自宅を訪ねて、玄関の施錠を合い鍵で開錠し室内に入ったところ、6畳間寝室で死亡している被害者母親（60歳）を発見し、110番通報しました。

被害者方は、夫婦暮らしで都営アパート2階に居住し、当日の新聞は朝刊が6畳間に取り込まれていました。

遺体は6畳間に敷かれた二組の布団の右片側に仰向けで、発見時は遺体全体に布団が掛けられた状態でした。遺体の頸部には、礼服用の白色ネクタイが巻かれ、左側頸部で結束されていました。同6畳間のなげしに未使用の白色長袖ワイシャツが整然とハンガーに掛かっていました。

さらに室内を綿密に見分すると、居間の電話機脇のメモ帳に黒マジックで「つかれた」との走り書きがありました。その脇には、交通安全協会用帽子と腕章が整然とおかれ、他に物色や侵入・逃走のための破壊等の痕跡はありませんでした。

検視結果は、絞頸による窒息死。凶器は、白色ネクタイとして矛盾はない。死後経過は新聞の朝刊日でありました。

この事件は、多少刑事ドラマに興味のある人なら、「牛の爪」（蹄が2つに割れているのでホシ割れ）で夫の犯行だと声高に言い当てることでしょう。

その理由は、次のとおりです。

①まずメモ帳に書かれていた「つかれた」という文は、平静であれば「疲れた」と漢字を交えて書くでしょうが、一般的に電話機脇のメモ帳にこのように書きません。この1枚のメモ、まさに「私が犯人です」と語っています。

②遺体の全体に掛け布団が掛けられていること。これは被疑者が顔見知りであることが多く、その理由は「死者に見られたくない。怖かった。成仏して欲し

かった」と答える被疑者が多いです。

③室内に物色の跡がなく、整然としていることから第三者の犯行の可能性は薄いです。

M2署では、第1機動捜査隊の応援を得て、所在不明になっている夫（58歳）の追跡捜査を推進する一方、裏付け捜査によって消費者金融会社を含め数百万円の借財があることが判明しました。

このように身内を殺害した被疑者は自殺する可能性が高いので、全国に指名手配し、手配書を配布したりして追跡捜査を強力に推進した結果、M2署管内の交番前を通行中に交番勤務の警察官に職務質問され、逮捕となりました。

被疑者は、「結婚祝い金を遊戯代として使ったことで、家内から罵られ、口論になって殺した。自殺をしようと遠くまで行ったが、死にきれず地元に戻ってきたところをお巡りさんに捕まった」と話していました。

交番勤務のお巡りさんは、4日に1日当番勤務があり、ある面、体力と犯罪者を見分ける目が必要です。何しろ危険と隣り合わせの職業で、いつ何時暴漢に襲われて救急車で搬送されないとも限らないので、新宿署当時の地域4係員は帽子の裏に名刺大のメモを入れていました。

そのメモには、油性のマジックで「○○病院には絶対搬送しないで下さい」と書いてありました。その病院がどこなのかは、私は知っていますが、ここでは明らかにしません。

一服コラム③ 仲間と胸襟を開く

聞き込みでも取調べでも、相手が応じたり、理解をしたり、協力したりしてもらうには、相通じ合う信頼関係（ラポール）の構築が不可欠です。特にこのラポールは、外部よりも内部、組織内における仲間関係が重要です。信頼関係という言葉は簡単ですが、実際は目に見えないだけに相手が何を考え、どのように評価するのか、曲者的存在で難しく、時には悩むのです。

刑事はホシを挙げてナンボの世界、企業は売上を上げてナンボの世界です。それを実践する原動力は、仲間（上司部下を含む）の存在で、仲間としての絆が後押しをしてくれると情熱に火が付きます。その情熱が炎となって立ち上がり、相手の心に燃え移るのです。

考えるよりも行動、本音で語り、目的の壁を突破です。そのためには自らが「事件解決あるいは社会正義で、世のため人のためになる」ことを正々堂々と仲間に諭します。それも、私心がない真剣さ、「本音」です。

口先だけ、上辺だけの行為では、相手に見透かされるもので、逆効果です。組織を愛する心、愚直に与えられた役割を達成しようとする使命感、それを持って本音で語れば、頑なに閉じている「理解・協力」という四文字を引き出させることができます。

第4章　捜査の推理にメモをフル活用！

刑事の推理力はメモが基本

刑事は、犯人像を見分けるプロでなければなりません。ドラマは数時間で検挙解決になりますが、現実はその時その場で推理に時間を要します。

推理をするには、観察力が不可欠で、しかもその観察力は五鑑：視覚、聴覚、嗅覚、味覚、触覚の作用によります。現場に死体があれば、自他殺の判断です。観察は現場の周辺から内部へ、そして死体へと進むことは前述のとおりです。私は現場が3、死体が7と観察を位置付けています。

この死体の見分は自他殺を判断するうえで、極めて重要であるので、必ず自身でメモをしたり、相棒に記録をさせています。

死体の見分は、まず着衣の状態、次いで着衣を脱がして着衣の損傷等の状態、それから身長を計測して、全身の上（頭）から下（足部）へと一定の順に行います。竹の定規を手にして、頭髪の長さ、色をメモし、頭部を手の触覚で骨折の有無などを調べる。皮膚変色部があればそれを計測するし、傷口から刃物の種類の特定もします。

その次が顔です。顔全体の色、損傷、目・鼻・口・耳と目を皿のように開いて観察します。特に目や口唇部においては、窒息死の所見にもなるいっ血点の発現状況は重要です。いっ血点があれば、窒息死が疑われるし、上下口角付近に点状の痕跡があれば死線期に上下口唇での痙攣があったので薬物中毒死の疑いも考えるのです。

このメモによって、死体見分調書を作成するので、捜査をする上で人が殺害されたことを立証する裏付け書類へと変身します。殺人事件は、人が殺されたことから捜査が開始されるので、このメモは正確性と客観性が要求されます。

メモした犯人を見つけた!

一方で、現場に残されたメモから、そのメモをした被疑者を特定するには、4つの方法があります。

①指紋採取による特定
②筆跡による特定
③DNA型による特定
④メモの材質による製造・販売等流通に関する捜査

これらの方法を複数行うことで、被疑者を正確には容疑者(警察ではマスコミと異なり、被疑者の一歩手前の段階を指すことが多い)として浮上させるのです。

しかし、これらの方法から分かるのはそのメモ用紙を作成した者であって、イコール被疑者ではないのです。被疑者と呼称するには、殺人との結びつきを明らかにしなければならないのです。

もっと分かりやすく説明をすると、現場にあったメモ紙片の作成者が即被疑者となり得ないのは、そのメモ紙片を何者かが捜査を混乱させる目的で現場に置いた、そのメモ紙片は作成者でない者に渡っていた等第三者が介入した可能性がないことを立証しなければならないからです。

これを捜査するのが刑事の力量で、人間のなせる技なのです。ＤＮＡ型や指紋等の鑑定はあくまでも補助的なものです。

刑事は事件を推理することが自身の捜査センスに頼ることも多いですが、それは靴底を減らし汗水を流して集めた捜査情報や裏付け捜査を基に検証確認されたメモが柱になっているのです。

事例5：被害者のメモから犯人が割り出された

鑑識課現場鑑識主任当時の昭和58（1983）年9月1日午前6時15分ころ、I署管内の駐車場で、駐車中の車の前に上半身裸の20～30歳で、身長1・55メートルの一見水商売風の女性が仰向けになって死んでいるとの110番通報により、現場に臨場しました。

裏通りに面している5、6台が収容できる駐車場に、ハイヒール等の履き物がなく素足、それも足底部に土砂の付着がありませんでした。このことは現場が「ここは殺害場所でない」と……。

この種のご遺体の身元を特定するには、現場における鑑識活動の他に、胃内容物や食後経過を念頭に置く必要があります。ソープランド店に対しての聞き込み捜査を開始しました。一方、証拠品担当班は、検視時に何度もポケットを点検したジーパンを影干しした際に、ポケットの底に付着した紙片を発見、それが1カ月前に交付された中村名の洗濯物を預けたメモでした。

このメモでクリーニング店が判明し、中村こと男性K（40歳）が依頼していることも判明。既にKは所在をくらましており、同人宅を捜索した結果、室内にあった毛髪の異同識別鑑定で、ソープランド嬢H（22歳）が被害者として判明し、Kを11月1日逮捕したのです。

死体遺棄事件は、身元が判明すればその交友関係から被疑者に当たりますが、ご遺体を遺棄する行為は隠ぺい行為で、計画的犯行ですから慎重かつ迅速な捜査が必要となりました。

被害者はジーパンとパンティのみで、所持品もなく、唯一両足が漂母皮化《ひょうぼひ》していました。両足の漂母皮からは、指ダコや足ダコと同じように職業を推定できます。長湯した場合にできる白く皺が寄ってくる漂母皮（漂母とは〝洗濯女〟のこと）であることから、両足を水につけている職業である可能性が高いと死体は囁いていました。

事例6：犯人はメモで捜査を攪乱させる

被疑者は、犯行後嘘をついたり、逃げたり、工作をしたり、自殺をしたりします。この行為は前述の「事後変化」と呼ばれています。

その典型が事件の存在を覆い隠す隠蔽工作、例えば殺人を犯した被疑者が、死体を殺害場所以外の所に遺棄したり、犯人が自らの逮捕を逃れるために別人になったり、潜伏先を工作したり、挙げ句の果てには虚偽の逃亡先をマスコミや捜査機関に通報したりもするのです。

死体遺棄行為は、死体が発見されなければ「殺人の客体である被害者（人）」が存在しないので、殺人罪が成立しません。もちろん、「死体なき殺人」を立証することは可能で、現実には死体なき殺人事件を立証した経験もありますし、裁判でも認められていますが、それは特殊な事件です。

また、逃亡中の犯人がメモで捜査を混乱させた事件はマスコミが取り上げた事件が多いように思います。それは、マスコミがテレビ放映や新聞記事等によって犯人逮捕に協力することで、犯人側が逮捕される危機感を持って自己の潜伏先を隠すために異なる情報をメモで発信するのです。

その工作は緻密に計画をして行うのです。

ありがちなのは、被疑者が交友者に対して「今回の件（事件）は相手が悪いからだ。正当防衛だ」と言いながら、「何かあったらここに連絡をしてくれ。ここのマスターとは何時でも連絡がつくから……」と、連絡先の電話番号を伝えるのです。

ところが、その電話番号は確かに地方の居酒屋のものとして存在しているのですが、誰も被疑者に心当たりがないのです。ですが、被疑者の追跡捜査はどんな小さな情報であっても軽々しく主観的に「この情報はガセ（嘘）だ」と扱うことができませんので、遠方の地域に捜査員を多数派遣して捜査をしなければならないのです。

ある資産家の独居老女（当時82歳）が行方不明となり、同女性が所有している土地が長男にも断りなく約2億円で売却されていたとの届け出を所轄署が受理したことがあります。

その捜査において、同女性の周りに男女2名が浮上し、同男（被疑者A）が使用していた事務所が判明しました。事務所は既に引き払われ、清掃業者により清掃されていたために人定を特定できる指紋や唾液等は採取できませんでした。しかし、押し入れ内に一枚の名刺を発見し、この名刺の捜査によって、被疑者の前職から本名等の人定が割り出されたのです。

この事件は、老女が自己の駐車場で無断駐車していた被疑者と知り合い、その後、被疑者が老女の経営するアパートに内妻を入居させたことで、食事に誘ったり温泉旅行に連れ出したりするなどして親交を深め、やがて知り合いの元保険代理業の男性（38歳）を長期入院中の老女の長女と戸籍上の結婚をさせました。そして老女の土地の売買契約書を偽造し、不動産会社に勝手に転売し約2億円をだまし取ったのです。

事件の発覚を恐れた被疑者は、内妻が居住しているマンションで老女を殺害して隣接県に遺棄、共犯の長女と婚姻をさせた男を岐阜県下において拳銃で殺害、内妻と逮捕されるまで6年間も逃亡していたのです。


この逃亡中に、被疑者は自分の写真付き手配書を見て顔にホクロを入れて別人を装ったり、親戚には「自殺をする」というメモを送りつけていました。

また、外国旅行に出かける者を知ると、現地のポストに手紙の投函を依頼するのです。その手紙の宛先は地元のマスコミ会社で、内容は「日本で殺人により指名手配されているAが同国に潜伏している」という情報提供です。悪知恵が働くのです。

この事件でも国内外を問わず情報が乱れ飛び、そのたびごとに捜査員は現地捜査に出張し、それは大変な捜査であったのです。東南アジアの国内紙が、「ヤクザとして知られる日本の裏社会の人々が、アメリカのような国々から締め出され、多くのヤクザが我が国でパトロンから隠れ家を提供されて、日本検察当局から逃れている。日本のたくさんの駅で貼られている指名手配リストの中で、窃盗から殺人までのあらゆる犯罪で、我が国に隠れている一人として有名なのはA（46歳）で、19XX年に一人暮らしの老女から土地を騙し取ったことにより手配され、同老女を殺害した疑いもある……」とAが同国に潜伏しているかのように報じたことで、このときも捜査本部は色めき立ったのです。

外事二課や捜査共助課を通じて発信元の国内の情報を収集したり、現地に派遣している日本の警察官等からも情報の信用性を確認したりしましたが、残念ながら推定の域を超えなかったようでした。

被疑者が作成した虚偽のメモが、交通や通信の発達によって時として瞬時に全世界を駆け巡る現在は、そのメモの真否について裏付けを取らないと、被疑者の思うままに推移することになり、その結果被疑者に微笑みと自己の保身を与えることとなります。やはり何事も逃げ得は許さないことで、それこそが正直者が馬鹿をみない世の中を築くことにつながるでしょう。

ネット時代の捜査メモ・情報収集

現役当時、刑事には「自己に投資をしなければ成長しない」「金銭で余分があるのなら貯蓄するよりも自己投資をするように」と教示していました。現代の刑事はグローバル化の影響により物知りで知識能力も高く、そのために見返りを求める損得勘定に走っているように思われます。

それよりも、セミナーや研究会に参加をして、刑事が最も劣っている金銭感覚や仕事の変革を学ぶことです。仕事を変革するには、ネットで何が分かるのか、どれだけ便利か、情報の取り方について、授業料（金銭）を支払うことで血肉とするのです。

私たちのころと異なり、「ホシを挙げたので一杯」「仏さんを引き継いだので、お清めと称して一杯」などと酒を飲む風習もなくなり、家族のために時間を費やしているのであれば、家族のためにさらなる上位を目指してその時間で学ぶべきです。時間は平等、生かすか否かは各自の判断です。

ネット時代の捜査メモは、「メモを取る、書く」よりも「聞く、写す」時代であります。機材も小型のＩＣレコーダーや携帯電話機等で録音や撮影ができ、送信も可能です。そのような便利な資機材も警察部内用として貸与されているのだから、使いこなせなければワークスタイルの変革を実践できません。

そもそもワークスタイルの変革は、将来刑事として組織を担うための仕事の進め方・方法の変革でしょうが、警察のみならず企業にあってもこれまで先人が汗と涙、時として血を流して築いてくれた魂と伝統を、グローバル化という名の下に踏み台としたならば、必ず天罰が下ることを承知していただきたい。日本には日本人でなければできない文化があります。

話を戻しましょう。ネットからも情報を入手します。その暇がない、能力がないのなら、人間関係を構築し、信頼できる人から情報をもらえばよいのです。その点、フェイスブックなどの活用もよいですが、入手のみに目を奪われ大切な情報を漏えいする、あるいは漏えいを疑われるような行為を犯してはなりません。人は心が緩んで「私は、大丈夫だ」「私と気の合った仲間だから……」等と、自信や誤った信頼関係において、重要な情報が流出することがあるのです。

一旦情報が漏えいすると、官公庁では国家の根幹を揺るがす行為として国際問題に発展したり、日本国自体が不利益を被ったりするし、また企業では社会的信用を無くし売上の大幅な減益によって、存続そのものが危うくなる事態も散見されます。

「決められたことは決められたとおりにする」

一見当たり前のことですが、この原則を習慣化させないと、多くの公務員や企業人は、昼夜を問わずに国民のため国家のために励んでいるにもかかわらず、一握りの愚か者のために犠牲を負わされるのです。各自においては情報について他人事のように捉えず、ネットは一瞬で全世界を駆け巡って回収できないことを理解し、管理の万全を果たさなければなりません。

メモは時代遅れ？

世の中と同じで古いから時代遅れ、本当にそうでしょうか。

「古くなったから新しいのに乗り換えましょう」

これは、先日家内が自家用車購入の際に語った言葉です。我が家には車検を数回切り替えた少しだけ形式が古い普通車がありました。まだ十分に走れるのですが、年金生活に入るので、買い換えようという家内の経済的知恵なのでしょう。

そして先月買い換えたら、この車は「あなたには運転ができないわ」というのです。その理由を尋ねると、「車のセンサーが障害物に反応するから」。

つまり、交通事故を防ぐための近代装置、年配者には便利なものが邪魔に感じるのだそうです。だったら、私の故郷の北海道十勝・新得町に移住すれば、車庫入れの心配は全く無用、駐車場で衝突するのは餌をあさりに来るキタキツネで、これと衝突をしたら化けてでられるでしょう。

メモは古文書のように、連絡用として瞬時に役立つこともあれば、後日公判等で証拠として大活躍することも多いです。このメモを馬鹿にしてはならないし、また当たり前のものだと、その価値を軽んじてはならないのです。

筆跡のある紙メールと異なり、電子メールは伝達においてフォントの違いはあるにせよ、同一PC送信であれば文字での筆跡鑑定はできません。そのことを悪用して、他人に成り代わってメモを送信することで、不正行為をしたり、報告の名の下に自己責任を回避することも可能です。

近代科学や装置を使いこなすことは当たり前の行為ですが、それに甘えるとPCも停電になると機能しなくなり、文書を取り出せずパニックを起こします。しかし、手書きのメモなら半永久的に保存活用できるのです。また、PC保管ではないので、サイバー犯罪の攻撃対象にもなり得ません。

事例7：闇サイト殺害依頼・請負事件

愛知県名古屋市内で、会社員男性（51歳）の妻（48歳）が出会い系サイトで知った「何でもやります」の書き込みメモを見つけて、その書き込み男性（41歳）に報酬の現金を渡して、夫の殺害を依頼して殺害させた事件の新聞記事がありました。

この事件記事と同様なことが、T警察署でも発生していたのです。昼食時に30歳過ぎの女性Kが警察署受付に、「不倫関係にある男の奥さんを殺害してもらおうと思い、ネット上の『駆込寺』に依頼をして現金を1千万円以上支払ったが、奥さんは元気で、騙されたのではないでしょうか」と相談に現れました。

生活安全課相談窓口業務担当が、詳細に聴取したところ「Kは3年前から夫の勤務先の同僚M（30歳ぐらい）と不倫関係にありましたが、9カ月前ころ「妻に子供ができた」と告げられ、自分の存在が否定された気持ちになり、彼の妻がいなくなれば彼と結婚ができるのではないかと思い、彼の妻に復讐をしようという気持ちになりました。

そこで自己のパソコンを使用してインターネットの復讐サイトから「駆込寺‥殺人事件、殺害計画、怨念殺人、復讐殺人を請け負う」を探し出し、連絡をとって業者Tと契約しました。

「戦術費として10万、その後アドバイス料として155万円を振り込んだが、12月の末日には、実行部隊への引き継ぎ、細菌兵器の購入や散布する費用等を要求され1500万円を手渡した。しかしMの妻は元気です。殺してくれなかったのです」とのことだった。

相手に依頼のために支払った現金は約1665万円で、それを裏付けるのはK

の偽名による1665万円の振り込みで、残りはメモ用紙にKが手書きで記載した1枚でした。

当時のインターネットのサイトは、公然とトラブルの解決や「殺人問題」等犯罪を請け負ったり、助長するなど無法状態でした。

また、Kは高学歴者で善悪の区別があり、子供のいる主婦が、選りに選って不倫相手の妻を殺害するようにネット上の他人に犯罪を依頼した要因の解明をするためにも、所轄署でなく捜査一課がリードして主な事件関係者である殺人を依頼したK、請負人で偽名のネット業者（後日捜査によりT（40歳））、不倫相手Mの身辺捜査を実施するとともに事件を立証すべきであると判断しました。

その結果、9月には、相談のために来署したKは約1665万円の現金を渡し、殺人の依頼をした行為について検討したところ、ネット業者Tとともに暴力行為等処罰に関する法律第3条1項（集団的犯罪等の請託）を初適用して逮捕、ネット業者Tはさらに詐欺罪で再逮捕、不倫相手Mは10月にKへの傷害で逮捕され、全容を解明したのです。

金額を書き留めた1枚のメモ、この事件でも重要な役割をしていました。決してメモは時代遅れではないのです。

一服コラム④ ベクトル（力の方向）を合わせる

愛宕警察署勤務で、ＯＢの大山好二氏から「投網」の手ほどきを受け、2年間で「投網師」を命名されました。といっても、公の認定ではなく、大山氏の独断と偏見でした。

この投網は釣り人から嫌われます。それは水面に網を投じる音と波しぶきによって魚が逃げるという釣り師の考えです。ごもっともなことです。この魚を捕るには単独で行うよりも、大勢で地点を決めて追い込みを行います。その追い込みにベクトルが不可欠です。

全員で目的の魚を捕ることに参加し、最終目的地への方向、目標を決めて確認して実行しなければなりません。「菜っ葉の肥やし」のように、掛け声だけでは目的が達成できないのです。このことは分かりきっていることですが、高学歴者の集団ではなかなか達成できません。

それは、その集団では自己の学歴を傘に、お山の大将を名乗り「私くらい抜けても……」「あの人とは相性が合わない」「馬鹿馬鹿しい、時間の無駄だ」という主張があるので1＋1＝2にすらなりません。

目標に向けて全員の力を合わせれば、1＋1＝5となり得ることを知っていても目標を全員で共有せず、意見を出し惜しみします。そうはいってもこの者の協力が必要であり、一人ひとりが与えられた持ち場で、それぞれが目標に向かって愚直に進むことを説得し、成功の見本を示すことで、目を覚まさせるのです。

第5章

取調べ室内のメモ術・交渉術で情報を正しく使おう！

捜査において重要な位置を占める「取調べ」

さて、捜査によって被疑者を逮捕はしても、犯罪を立件するためにはそこからの取調べが重要です。

取調べは難しいものです。それは人間と人間との対応ですから、そんな生易しいものではありません。少なくとも犯罪者対社会正義を守る刑事との戦いです。それも、戦いは3畳ぐらいの取調べ室で、現在そこには可視化（録音録画）装置があるので、監視されての取調べです。取調べの状況を録音・録画することで、冤罪事件や任意性の確保を後日チェックするのが目的ですが、この流れは大阪地検特捜部の証拠改ざん事件を機に加速したのです。

被疑者の取調べは、最初が肝心です。取調べ官は初対面で被疑者と心を通わせなければ、取調べは成功しません。そのため捜査指揮官は「この事件では、どの捜査員がその役割にふさわしいのか」と取調べ官の起用に多くの神経を注ぎます。

ここから少しメモ術とは直接関係のない話が続きますが、取調べの隅々に、皆さんの仕事にも有益な話や、様々な極意が隠されていますので、お付き合いください。


私は、あるとき「資材置き場において被害者女性Sの死体を土中から掘り起こした上、東京都内及びその近郊に移し替え、もって死体を遺棄した」という事実で逮捕した男性Mに対して、課内の誰を取調べ官にするのがベストか、殺人係の刑事一人ひとりの顔を思い浮かべました。

そんな中で、自ら取調べ官に名乗りを上げてきたのがK係長でした。彼は事件認知の段階でMから事情聴取していましたが、それまでの数度にわたる任意の事情聴取で犯行を自供させられませんでした。

そういう経緯から、「何としてでも俺が自供させる」という闘志が身体中からありありと感じられました。ピンチの時こそ「俺がやらねば誰がやる」という執念といってもいいかも知れません。私は、このK係長に任せることにしました。

しかし逮捕後もMの態度は変わりません。K係長が担当した弁解録取書（取調べの前に、相手の言い分を聞いて記録する手続き）でも、「何度も言っている。資材置き場の土の中に死体を埋めたり、死体を掘り起こしてどこかに移し替えたりしたことはない。知らないことは知らないのだ」等と頑強に否認を続けました。

この展開は、私にとって想定外ではありません。こうした事態に備えて、事前に私は、「弁録までに自供を得られなかったら取調べ官を代えるぞ」と管理官に伝えて了解を得ていました。

K係長は捜査一課での経験も長く、立派な捜査員です。しかし、度重なる聴取で犯行を認める供述を引き出せなかったということは、Mとの間に人間関係を築けていないということでもありました。

また、K係長はこのとき既に定年を目前に控えていて体力的にはどうしても若手に比べ見劣りがしました。

捜査に失敗は許されません。落とせない取調べ官をいつまでも引きずることはできません。捜査一課の刑事なら当然、みな強烈なプライドを持っています。しかし指揮官は「こいつには無理だ」と判断したら、非情なようでも担当者をすっぱりと代えなければなりません。

「何としても被疑者を検挙しなければならない」、その目的を遂行するためには、犯罪の被害者や遺族の守護神として、「部下に好かれたい」「部下にものわかりのいい上司と思われたい」などという感情は禁物です。

翌日。この日も午前11時から本部の一課長室で、警視庁記者クラブの一課担当記者を相手に恒例の会見を行います。もちろんMの事件について「死体遺棄罪での検挙」を発表する予定です。その会見を行う直前、K係長に電話しました。

「この事件は、被害者が母親とお腹の中の赤ん坊で、その二人に対する殺人と死体遺棄という複雑な事件だ。自ら取調べて自供させたい気持ちは痛いほど分かる。しかし絶対に殺人罪で起訴しなければならない事件だ。ここは若い者に任せてやってほしい」

そのように告げると沈黙が続いて、

「はい、分かりました」

電話口の係長の声は、あっさりした調子に聞こえました。

しかし、恐らく腹の中は煮えくりかえったことでしょう。「なぜもう少し時間をくれないんだ」と。私も長く一課の刑事を務めてきた人間ですから、先人の教えにあった「デカは常に『忍』の心を持て」、その気持ちは本当によく分かります。

一方で、長く捜査に携わってきたからこそ、「チェンジされても仕方がない」と思う部分もあったはずです。チャンスを与えられているのに結果を出せない場合は、交代させられても仕方がありません。凶悪事件の捜査なのですから、指揮官の判断は常に冷徹でなければならないのです。これは一課に身を置く刑事が身に染みている現実なのです。


新たに起用する取調べ官には、U主任を指名しました。

私が取調べ官を選ぶときに重視していたのは以下の点です。

「捜査に対する意気込みがあるかどうか」

「性格や生活状態、趣味・嗜好、生い立ちなどで被疑者との間に何らかの共通点があるかどうか」

「〝鳩時計〟ではない粘り・体力・気力が備わっているか」

「婉曲な表現を用いる探求心があるか」

「ホシとともに泣ける情があるかどうか」

U主任には、それが備わっていました。

ちなみに「鳩時計」とは、1時間や2時間といった決まった時間で取調べ室から上がってきてしまう取調べ官のこと。「あいつ、何もしゃべらんのですわ」「あいつは被疑者じゃないかも知れませんね」などと言ってあっさり引き下がってくる取調べ官もいます。賛否はあるかも知れませんが、これでは被疑者から供述は引き出せません。

U主任は、私が巡査時代に初めて捜査一課に勤務していたころ、私よりも1年遅れで一課にやってきた男で、お互い気心を知り尽くした仲です。

U主任は刑事としての基礎をしっかり叩きこまれた苦労人でした。そのため人間性が非常によく、取調べ室の中で対面した相手と信頼関係を築くことにかけては定評がありました。実際、私が捜査一課の管理官時代に指揮した事件でも、関係者の難しい取調べを担当しきっちりと自供を引き出した実績もありました。

それに、取調べとは非常に体力を要するもの。

がらんとした取調べ室に身一つで入り、一日数時間、被疑者との会話をするだけの日々が続きます。その会話は単なるおしゃべりではなく、対峙して複雑な駆け引きを延々と繰り広げるのですから、取調べ官は冷静に見えても、頭は常にフル回転させています。被疑者がいま何を考えているのか、自分との共通点は何か、被疑者の弱点はどこか、その弱点をどう掴むか、どう揺さぶりをかけるか、これらを頭の中で猛烈なスピード、つまり瞬時に判断し決断しなければなりません。

しかも取調べが終わっても、仕事は終わりではありません。被疑者はその後留置室で寝てしまえばいいですが、取調べ官はいま終わったばかりの取調べの内容を検討し、翌日の対策にまた頭をフル回転させます。

ですから取調べに入ると、体力は消耗しているのに睡眠時間は取れない状態が続きます。不足するパワーを食事で補おうとするので、腹回りがどんどん肥えてくる。異様な肥り方をしている刑事が少なくないのはこういう理由があるのです。

U主任による取調べが始まりました。

彼は、Mが逮捕状による逮捕をされたとき、顔色一つ変えないふてぶてしさを目の当たりにして憤りに震えていました。交際相手ばかりか、そのお腹の中にあった新しい生命まで奪ったMの行為を絶対に許してはならないと思っていました。

しかし取調べは強面やごり押しだけでは上手くいきません。U主任は、Mの心配事を聞いてやったりしながら心をほぐしていく一方、嘘で固められたMの行動を理詰めで追及していきました。

U主任の取調べが始まるとき、私は「時間はかかるかも知れない。でも絶対に落ちるだろう」と感じていました。

U主任と対峙しているMは、

「(被害者の)Sさんって、どんな人だった」という問いに、

「優しく、俺を頼りにしていた」

「どんなところを頼りにしていたんだ」という質問にも答えるM。「そうか、そうか」と耳を傾け、時には相づちを打つU主任。

U主任の人間性への信頼感を勝ちとったところ、U主任は、

「そうか。（Sさんを）愛していたのか。腹の中の子供、誰の子？」

「俺の子だ」

「そうか……」

「M。奥さんと子供も愛しているんだろう」との問いに「はい」と答えますが、その言葉は弱々しい。

「奥さんと子供を愛している。どうだい、M。Sさんと子供も、成仏してやらないのか」

などと巧みな追及をしたといいます。その言葉にMは、ついに供述を始めたのです。

「○日の夜、社長から電話で『警察が資材置き場を掘り起こす』と聞いたので、

翌日の午後1時ごろ油圧ショベルを使ってSの死体を掘り起こし、ユニック車を用いて軽トラックの荷台に載せた。それから午後5時30分ごろから同6時00分ごろまでの間、契約先である残土置き場に搬送し、油圧ショベルを使って深さ約1メートルの穴を掘って、Sの死体をブルーシートに包み、さらにワイヤモッコに乗せて埋めた」という趣旨の供述をしました。

U主任はまず死体遺棄を認めさせたのです。

この事件の捜査が難航した原因の一つに、マスコミに先行されたという事実がありました。特異家出人として手配されたSさんが事件に巻き込まれている可能性があると感じたマスコミは、Sさんの周囲を独自に取材し、Mが殺害している可能性が高いと睨んでいました。彼らは当然、Mの周辺、さらにはM本人への直当たりまで敢行していました。それに応じて、Mのガードは固くなっていったのです。

その一環で、Mは既に弁護士を選任して捜査機関との対立を露わにしていました。

時として弁護士は、「被疑者の権利を守るため」と称して捜査機関に抗議や牽制を仕掛けてきます。真実を踏まえない抗議や牽制についてはしっかり反論できる態勢を整えておくことも、捜査指揮官には必要です。

さて、U主任による取調べは、殺人罪へと焦点が移っていきました。私もH署に駆けつけ取調べの結果をじっと待っていました。

私の立場、捜査第一課長からすれば、取調べがどれくらい進んでいるのか、気にならないはずがありません。しかし私は部下が取調べしている様子を窺うような真似は絶対にしませんでした。覗こうと思えば取調べ室の様子はマジックミラー越しに見ることができるのですが、それは取調べ官に対して失礼にあたると考えていました。

捜査指揮の最高責任者が取調べ室を覗きにいったら、後で必ず取調べ官本人に話が伝わります。そうなれば「なんだ、俺のことを信用していないのか」と反発を招くのは必至です。信頼した部下に任せたからには、急かしたり慌てたりせず、最後まで信頼してじっと自分の席で待つ。そういう態度を取るべきです。

通常、取調べは被疑者への配慮から午後10時を目安に終了。このときは時計の針がそろそろ10時を指すころでしたが、ちょうどMの供述がぐらつき出していたため、私は取調べの継続を指示しました。

取調べの極意

取調べに必要なのは我慢、つまり忍耐です。被疑者が自供する瞬間というのは、長い長い沈黙の後にやってくる場合がほとんどです。相手も頭の中で様々なことを考え、気持ちに踏ん切りを付けています。

しかし被疑者が沈黙し出したからといって、「早くしゃべっちまえ」などと急かし立ててはせっかく気持ちの整理を付けようとしている被疑者の気持ちを挫いてしまいます。取調べ官は時が来るのを平然と待たなくてはなりません。貧乏揺すりをしたり、ノック式のボールペンをカチカチいわせたりするのは論外。じっと黙って待つのです。これが取調べの極意です。

また取調べでの駆け引きに不可欠な被疑者に関するデータは、事前に徹底的に調べ上げます。その人物の生い立ちから、行動範囲、交友関係はもちろん、仕事関係の付き合い、はたまた携帯電話やメールの連絡先まで捜査は及びます。こうした捜査を我々は「基礎捜査」と呼んでいます。

これは、地味ですが手を抜くことはできない作業です。被疑者のバックグラウンドを知らないと、取調べ室で対峙したときの駆け引きもできません。基礎捜査の一環で被疑者の交友関係を洗っていると、こちらの動きが相手に伝わる可能性もありますが、そのリスクを冒してでも端折ることのできない作業なのです。

このときに重点的に調べるのは、被疑者の幼いころの様子です。性格というものは大人になって急に変わるものではありません。ですから被疑者の本来の人間性や性格を知るために、小学校時代の先生や同級生などに徹底的に聞き込みをします。

その当時に遊んでいた場所、夢中になっていた遊びなども調べます。

こういうデータが取調べの際に大きな武器になることは、先人の捜査結果でも明らかです。幼いときのエピソードを話題にしていくと、被疑者の心を悪いことなど知らなかった子供時代に引き戻すことができます。

熟練の調べ官は、取調べの中で被疑者の心がすっと解けていく瞬間を感じることがあります。

「こいつはいま真人間に戻っているな。しゃべりたいと思っているな」

そう感じたら、背中をポンと押してやってしゃべるタイミングを作るような工夫がコツです。優しくポンと押してやる場合と、逆に強めにボンと突いてやったほうがいい場合とがありますが、その見極めは経験がものを言うところです。誤解をされては困りますが、被疑者の肩を直接押すという不法な有形力の行使ではありません。

Mの場合、そのタイミングは深夜にやってきました。ついにU主任は、MからSさん殺害の供述を引き出すことに成功したのです。

Mの供述によれば犯行の経緯はこうです。

――19日午後2時20分ごろ、団地の集会所のベンチで出産後に一緒に住むためのアパート探しのことで話をしていた。私が「日曜日、アパートを探しに行けないかも知れないよ」と話したら、Sが「ふざけんなよ」と大声を出すので、その場に居づらくなった。そこで、私が乗ってきたトラックの助手席にSを乗せ、場所を変えて話をすることになった。

資材置き場に行き、車の中で「実は子供が二人いるんだ。籍は今のところ抜くことができない」などと話しているうちに、逆上したSから「あんたの周りもメチャクチャにしてやる」などと罵声を浴びせられ、車外に引きずり出して、立ったままSの首を両手で絞めながら押し倒して殺した。そして、遺体をその場所にショベルを使って埋めた。

不倫の末の妊娠、そして男性が女性にとり続けた曖昧な態度が、大きな悲劇を生むことになったのです。

日本の犯罪捜査は、枝に実った果実を取るように、ホシを逮捕したら終わりではありません。樹木の幹や根の部分にあたる、犯罪に至る経緯や背景、原因まで明らかにしなければなりません。

諸外国では、単なるインタビューで取調べを終えてしまうこともあります。検挙をすれば一丁上がりというわけです。しかし日本では「なぜこの事件が起きたのか」という背景や、「なぜ犯行に及んだのか」という動機の解明が必要とされており、国民の多くも、安全で安心できる世の中にするには社会全体で犯罪の予防に取り組む必要性があることから、そのことを望んでいます。

これは日本の犯罪捜査の大きな美点だと思います。ただ、動機というのは、被疑者個人の頭の中にあるもの。本人の口から語ってもらうしかありません。

「この人なら話してもよいだろう」「この人に黙っているわけにいかない」

被疑者にそう思わせ、動機を明らかにするためには、取調べにおいては取調べ官と被疑者との間に信頼感（ラポール）が必要であり、また、お互いの人格のぶつかり合いがなければ、被疑者を罪に正面から向き合わせ、真実を供述させることはできないのです。

ところで、この事件を検挙に結びつかせたのは、携帯電話、とりわけメールの存在でした。メールはメモです。

この情報は多岐にわたり、また瞬時に全世界に発信されます。この事件でも、携帯電話の使用状況の裏付けが大きな一歩となりました。撮影機能を持つ機種や、スマートフォンなどパソコンと変わらない機能を有している機種もあります。

それらの情報は、客観的証拠として重要なアイテムになります。ただし「契約者」と「使用者」との区別や、電子メールなどでの〝なりすまし〟の可能性もあるので、その扱いは慎重に行うべきです。

本事例の被疑者は自己のアリバイ工作で、自己の携帯の時間を設定変更で遅らせていました。この行為はメモに、アリバイ工作として「違う時間を記入」し、捜査を攪乱することと同じです。メモの解析は、時間設定の変更を含めて極めて神経を使う作業です。

何を聞き出し、何をメモするか

取調べ調書は、大きく分けて被疑者供述調書と参考人供述調書があります。被疑者の取調べに際しては、被疑者に対して、あらかじめ「自己の意思に反して供述をする必要がない」旨を告げなければならないのです。

そして、犯罪事実について聞き出すのです。そのためには、被疑者が真実を自供しやすいように信頼関係を構築するのです。このことについては前述の通り、ラポールが大切です。そして、被疑者の人権を考慮に入れる必要があります。

女性被疑者なら必ず補助者を1名、できるだけ女性警察官を置き、誤解を招きかねない言葉や態度、事件に関係のない私生活等を殊更聴取することを避けます。

少年は健全育成の精神を持ち、年齢や性別等に応じた言葉や態度で行います。

被疑者の人権に過度に反応して、聞くべきことを聞かずに黙認したり、追及すべき点を形式的に終えたりしてはいけません。

聞き出す点は、犯罪事実ですが、量刑の関係や予防策面からも次の項目が必要です。

○犯行の原因や動機
○犯行の事前準備：共犯関係、凶器の入手、着衣、アジト、車両、下見
○犯行日時、場所の特定
○侵入経路・方法や手段
○犯行の詳細な状況：殺害方法、物色方法、隠ぺい行為
○逃走経路、逃走方法や手段
○犯行後の変化や処分
○心境、後悔

現在は、取調べの可視化つまり録音録画しているケースが多いので、調書作成に必要な前述の項目をメモしているようです。現職時は被疑者の言動や態度も備忘録に事細かに、また戦略的な面、例えば「○○の嘘をついた時点、その時に理詰めで攻める」「○○で黙り込んだら辛抱」とか、自己を奮い立たせるような文

をメモとして記載していました。

しかし、この備忘録は取調べ官の日記帳であるにもかかわらず、開示請求の対象にするという、実務を知らない、いや刑事の魂を理解しようとしない裁判官によって、作成できなくなったようです。

取調べの可視化にしても、「犯罪者と刑事、どちらが正しいのか」といいたいところですが、今やオオカミの遠吠えに聞こえるだけです。ただ刑事も検事も不祥事がことの発端であったことは片時も忘れず、事件捜査は「何が正しいか」を自問し、正々堂々やるべきです。

企業においてもコンプライアンスの言葉は知っていても、それが行動に表れないと機能しないのです。あえて言います。コンプライアンスとは、「あなたの言動を家族に話せますか」です。家族に話せないのなら、それは悪いことです。

取調べ中にメモはできない？

取調べ中にメモをすると、被疑者が弁護士を通じてメモ用紙を開示する請求があるので、その煩わしさからメモをしない取調べ官もいるといいます。しかし、それは本末転倒の行為です。取調べは事案の真相を明らかにするためであるから、当然取調べのメモを持参して誠実に行うべきです。

そうでないと、客観的な供述調書は録取できないと考えているし、一流の取調べ官は必ずメモを取り、矛盾点を追及していると信じています。

落としの○○と呼ばれた刑事は、取調べ終了後でも備忘録で検討し、翌日の取調べに臨んでいました。まさに正々堂々と語りかけ、時には机上に置いてあるメモ用紙に文字を書きながら、供述の矛盾点をついていました。また、ある刑事は、自分の名前以外には文字を書けない被疑者に、机上の紙を使って文字を教えていたのです。そのことによって、被疑者はそれまで文字を書けなかったコンプレックスを抜け出し、社会復帰を果たすことが可能となったのです。

真実を聞き出す！ 取調べ室の交渉会話術

犯罪は民主主義社会に対する挑戦です。その犯罪をなくすのは、いわば戦い、社会正義を実現する戦いで、戦略戦術を考えて悪を打ち破るのが刑事の責務であり、宿命でもあります。取調べにおいても、「人を殺した」と供述させるだけなら、それなりに刑事経験を積んでいればできます。

しかし、そのように供述した、いやさせたとしても、その供述に裏付けがなければ殺人罪で強制捜査はできないし、いくら「捜査は任意捜査である」と任意捜査を主張しても限界があります。真実を語らせるには、相手が「なぜ殺人を話す気になったのか、なぜ話さないのか」等、その心を読まなくてはならないのです。

どんなに強い人間といっても、悪事を働いた以上は必ず落としどころ、犯罪に染まった心のほころびがあります。そのほころびは、一見、目で見たり、触ったりしても探すことが難しいのですが、五鑑の作用で観察すればうっすらと浮き上がってきます。それができない刑事は、「最近のホシは黙秘、否認する、弁護士が悪い」等と自供させられないことの口実を主張します。

しかし、それでよいのでしょうか。相手の心を読む、その例が、顔の表情（色、目・鼻・口・耳の色、動きや発汗）であり、手足の動き（ふるえ、発汗）であり、会話であり（声の高低、速い遅い）、そして刑事経験による「これは真ホシだ」という嗅覚なのです。

ところで、取調べには「コロシ3年、アカ8年」という教えがあります。コロシとは殺人、アカとは放火です。放火犯の取調べが、なぜ殺人事件よりも難しいのか、刑事講習生から質問されることが多いです。

それは、火事によって遺留品や現場で採取できる指掌紋、ＤＮＡ型資料が焼けてしまって存在しないからです。極端なことをいえば、全焼するということは、部屋が存在しないので、平地から立体観を検討しなければならないということでもあります。ここから放火被疑者を割り出し自供させた経緯を説明しますが、その前に火災犯について当時のメモに基づいて紹介しましょう。

事例8：メモ紙を使用した放火事件

火災犯捜査係は、放火及び失火に関する犯罪の捜査を任務としています。「地震、雷、火事、親父」の火事です。昭和52（1977）年当時は管理官の下に2名の係長がいて、火災の原因究明を行う指導班（計2組）と放火や過失犯の捜査班（計3組）に分けられていました。特異な放火事件や社会的反響の大きい事件は、指導班と捜査班が一緒になって、事件捜査をしており、私は指導班の主任（警部補）でした。

放火事件は寒さが厳しくなる冬季や暑さが厳しい夏季に連続的に発生します。

火災現場は気候に左右されることが多く、寒い現場での火災原因究明は、立っているだけでも冷え込むので、下着を幾重にも着てダルマさんのようなスタイルで見分します。特に火の立ち上がり箇所を知るには、火と相反する作用がある水を使うために、周辺の温度とともに体温も下がりますし、鼻水は出るは手足はしびれるはの状態でした。

寒さの厳しい北海道や東北で火災の見分をする捜査員の皆さんは、東京よりも厳しい寒さに耐えての見分ですから、それはそれは大変なことと察しています。

昭和59（１９８４）年10月下旬深夜、K署管内に所在する紙製造会社の倉庫で火事が発生しました。

同倉庫内に保管していた約４０００トンのロール紙がくすぶり続け、異臭を放ち、付近住民も避難する騒ぎとなりました。１日以上燃え続けたこの火災は、昭和39（１９６４）年7月に足立区本木町でくず繊維卸業者宅が全焼した火災の鎮火までの時間22時間26分を抜き、20年ぶりに長時間燃焼していた火事となり、戦後最長の記録となったのです。

出火元である4000トンのロール紙が保管されていた倉庫は、支柱としての鉄柱十数本は上方が熱の影響で内側に曲がり、その見分には5日間を要しました。

建物は、トタン葺き平屋建てで、出入り口は南北側と東側に引き戸が各1カ所あります。火災により東側出入り口の天井は他の場所と異なり、焼けて脱落していました。

現場でまずやるべきことは、建物の構造と火源となる電気・ガス・火気器具類の説明を受けることで、捜査一課の主任が、この日の現場指揮官で、東京消防庁本部や地元の消防署調査担当（中学時代の同級生の実弟石川雅人）が見守る中、立会人に建物の構造や火源となり得る物品を事細かに説明させました。

その説明をする際、会社の敷地内に用意されたテーブル上に敷かれているゴムマットに、白・赤色のチョークを使用して、図面を書き上げるのですが、まさにメモの活用です。

その後は、

・発見時刻、場所、発見に至った状況
・発見当時の煙や炎の色、高さ、流れ、音
・施錠設備と戸締まりの開閉状況
・焼死者の人台（身長、体格、特徴等）や着衣
・同所及び周辺での小火の発生の有無

の聞き取り調査を終えます。ここでメモをした状況は、以後の掘り起こしにおいて極めて重要な案内図となるのです。

立会人とのやりとりが終わるまで、消防署員といえども勝手に立会人に質問することは許されません。

本事例の119番通報者は、深夜に道路を隔てた一般住宅の2階で就寝中の男

性S（40歳）、きな臭さから窓を開けて倉庫を見たところ、「屋根下から白っぽい煙がモクモクと出ていた。火の手は見えなかった」と説明をしていたので、目撃者に目撃状況を再現した結果、煙が出ていた箇所が倉庫の中央部東寄りと判明しました。

ご存知のとおり、火災の原因は、出火部、次いで火点（発火点）を特定することで明らかになります。倉庫の南側から順にスパンを数字で特定して間仕切りをし、掘り起こしが進められます。

出火部を特定するためには、内壁の燃え残りや炭化の深さ、鉄板の塗料の剥離や色、電気配線の溶融痕を綿密に見分。その見分は、落下物を力持ちの若手が取り除き再現できるように一カ所に保管した後、私たちがガラスで手を切らないようにゴム入り手袋をはめて行うのですが、炭化物との勝負です。

火が立ち上がった場所が、天井が抜けている東側出入り口から約3メートル入ったところに保管されているロール紙（一巻約700キログラム）であることが判明しました。

同所には火源となり得るものがありませんでした。

また、南北にある出入り口は鉄製の一枚引き戸で、消火活動によってかなり大きく破壊されていましたが、煤の付着状況から、内側から施錠されていたことが判明しました。

残りの東側にある出入り口は外片開きドア（上部がラス入り曇りガラス）で、消火活動によってドア全体が剥がされて敷地内にありました。

施錠設備はシリンダー錠で、鍵のデットボルトに煤の付着がなく、出火時には施錠されていなかったことが明らかとなりました。

立会人は「時々鍵をかけ忘れることがあります」と、施錠しない時がある旨を語っていました。

このような見分結果からこの火災は、9（放火）と認定したのです。

9とは消防庁が火災の原因統計を作成する際に使用する数字で、当時は4が夕バコの不始末、0が原因不明等で、東京消防庁調査課との間で用いられていました。

K警察署では、戦後最長の長時間燃焼記録をつくった火災の原因が放火であったことで、強行犯係長を中心に捜査をしていた約1カ月後の水曜日の午後10時30分ごろ、製造会社の社宅（空き家）に不審火の形跡があるとの届け出を受理しました。

現場は、会社の西側道路を隔てた木造平屋建て瓦葺き社宅で、昭和35年4月ころに建てられた二軒長屋81平方メートルで、新入社員を入居させるための内装工事を終えたばかりでした。

焼けた箇所は、4・5畳間の押し入れ（間口80センチメートル、高さ175センチメートルで上下に分かれている）で、下段床板上に家庭用座敷箒や紙袋の残《ざん》渣《さ》物があり、その直上方の上段床板は直径7センチメートルの円状に焼けて穴が開いた状態。

下段床にあった箒や紙袋類で立ち上がった火は、上段床板に燃え移ったのですが、火勢が弱く他に延焼せず、自然鎮火をした形跡がありました。

焼けた時間を推定するために上段床板の炭化深度を測定しましたら1・5センチメートル。

このころも新建材が使われていましたが、この家屋は旧来の木造であったので、炭化深度による燃焼時間が1ミリメートルにつき1分の先輩方の教えを受け継いで計算しました。炭化深度が15ミリメートル、つまりこの床板は少なくても15分は燃えていたと推定しました。

現在は新建材のためこのような燃焼実験結果を利用していないと思いますし、炭化深度測定器も倉庫の片隅に眠っているのではないでしょうか。

コロシでも、タタキでも、ドロボウでも、未遂の現場には、「被疑者が犯罪を完全に敢行できなかった理由」があり、ホシを割り出す有形無形の資料が存在します。

この現場では、「なぜ押し入れに箒を立てかけたのか」が疑問でした。燃やすだけなら襖に直火で着火すればよいのに、居間に置いてあったという箒に押し入れでわざわざ火をつけることが合点がいきませんでした。

そこで所轄署で行った見分場所の再見分を実施しました。すると、下段床板にローソクが溶けて付着している形跡とメモ紙片の残渣物を発見しました。これで謎は解けました。

この放火は、ローソクの使用による時限式放火でした。

二軒長屋は南側に家族3名が居住しており、北側空き家における深夜の犯行による放火は、ややもすれば焼死者が出る確率が高く、前述の放火と同一犯人の可能性があり、「現住建造物等放火未遂事件」捜査本部を設置しました。

捜査一課火災班に着任する前に、鑑識課の上司に「K署に一課が出向いているので、放火事件の応援をやってくれ」とK署への派遣を命じられ、「ハイ」と二つ返事でK署捜査本部に赴きました。

火災犯捜査は殺人事件捜査と異なり、少数精鋭というと聞こえはよいのですが、実働捜査員は少数です。

反面、書類面については通常の凶悪事件捜査よりも多いです。例えば報告書ですと発生時刻推定報告書、焼損面積認定報告書、出火部構造材報告書、燃焼実験資材入手報告書等、捜査関係事項照会書にしても119番入電・気象・商業登記簿・保存登記簿・固定資産課税台帳・火災生命保険・火災調査書・火災原因判定書などです。

2件の火災事件の書類は、いずれも全くの手つかずのままです。そのために、その日から訓授場脇の小部屋に泊まり込み、見分調書の下書き作成に取り掛かりました。

現場付近の工事をしていた男性が、第一発見者Sの妻（41歳）から「社宅の空き家の窓が開いていたのをお宅の若い者から聞いたようにして下さい」と頼まれた旨を地取り組が聞き込みました。

当日夫婦は、夜回り中に空き家の窓が開いており、そこから室内に入って火事触れをしたと証言していました。

「空き家の窓が開いていたことをなぜ工作するのか？」、このような疑問を感じたのは私一人ではありません。

この妻は、12月28日に家出をして所在不明であり、この事件の鍵を握っていると重要参考人として所在確認捜査を実施したところ、翌年4月6日午前9時ころ、同女から「何のために私の別れた前の夫などに電話をかけて、私のことを聞くのよ」と抗議の電話が入りました。

S夫婦の当日の行動等を捜査した結果、

・S夫婦が過去社宅を夜回りした事実が見当たらない

・妻が社宅の居住者に「空き家の窓が開いているから見てよ」と大声で知らせ、隣近者が現れてから夫は空き家に入ったが、すぐに「火事だ」と火事触れをしている点から判断し、夫は出火部を確認する前、それも鎮火しているにもかかわらず火事触れをしたと認められた

・火点で発見したメモ紙片は黒色の残渣物だったが、赤外線写真で「○信○」という文字が判明。この信用金庫と取引があった

捜査方針としては、

・S夫婦を同時に呼び出して取調べる

・取調べ前に、夫のポリグラフ検査を実施することを決め、XデーをX月X日と決めました。

その間、夫からも「俺や息子のことを職場やアルバイト先まで何で聞き回るんだ」との抗議が電話や直接警察署にありましたが、そのたびに刑事課長が応対していました。

刑事課長は、一言も捜査一課の名を出すことなく、「我々は地域の方が頭を高くして眠れるように捜査に当たっています。火付けは恐ろしい。あなたも協力して下さい」とオウム返しのように同じことを告げて対応し、Sは根負けをして帰っていきましたが、数日後にはまた現れ捜査を牽制していました。

ポリグラフ検査の質問事項は、検査者を現場に要請して現場を見分してもらい、その後署において当日の実況見分調書・現場写真を呈示し、発見時の状況や目撃状況等を説明し作成しました。検査者とは顔なじみで心も通い合っていたので、このXデーがマスコミ等外部に漏れる心配もなく、いよいよXデーを迎えました。

予定通り午前中には、夫婦を警視庁に同行し、ポリグラフ検査が終了した後は、直ちに取調べとしました。昼食の時間を計算すると1時間30分しかありません。この時間内に本件を認めさせなければならなかったのです。

客観的証拠を得にくい取調べであっても、自供をすれば必ず秘密の暴露の供述が得られます。供述調書の作成は表現や文字等をその人物に合わせなければならないので、時間がかかります。

この時もなかなか落ちませんでした（自供しなかった）。妻の方は観念したようで、泣きながら、道路工事人に対する偽装工作も夫が火を放ったのではないかと疑ってやったことを認めていました。

夕方になって、お互いの心が通じたのか、子供のことや自己の今後のこと等、私生活の不安を語り始めました。落ちる一歩手前、ここで未遂事件を認めさせなければならず、その手段として、時限式発火に使用したローソクについて追求しょうかと考えました。

しかし、このローソクは被疑者しか知らない唯一の証拠であるため、被疑者に語らせるべきだと思いとどまりました。その時、夫の口から「妻はこのことに関係ないんです」と発せられました。その言葉で「落ちる」と直感しました。それからは、さほど時間かかかりません。

重い口を開き、ボソボソと話すのですが、何を話しているのか聞き取れません。

そして「押し入れの中にホウキがあった。そばにローソクの切れ端があった。ポケットに入っていたメモ紙に火をつけ、それをローソクにつけ、ホウキの上においた。子供にかえったような気持ちになり火をながめていた。ホウキに火がうつった」といった上申書を作成しました。

アカのホシを、早めに落とせば……できる主任と言われる、いや言われたい。そのためには、ここで「ローソクで攻めて自供させようか」とひらめいた欲の心、この迷いが捜査力のなさだったのか。たまたま辛抱したタイミングで、被疑者が落ちただけでありました。

結果は自供でOKだったのですが、恥ずかしさを痛感しました。この迷いを誰にもしゃべらず、その夜に飲んだ酒は苦かったです。

しかし、下手な芝居もせず、最初は被疑者の言葉に耳を傾けて矛盾点をメモし、妻の取調べを心配したことを知るや、一気に真正面から「なぜだ、どうしてだ」と疑問点を優しく追及したことが自供につながったことは事実です。被疑者の言い分を傾聴することは、メモを取ることに通じるのです。

火災事案は、現場が燃焼や消火活動により刻一刻変化しています。現場に臨場した警察官は、このことを認識して、

・到着時間を確認

・火や煙の勢い、方向、色、臭い、破裂を含む音

・当時の気候、風向き、速度

を報告またはメモすることとです。そして、後に目撃者、不審者や時間の特定等に役立たせるためにも野次馬や燃焼状況を写真撮影すること。

鎮火後の見分は、消防署と連携の下に行うのですが、惰性に流されることなく綿密な見分を心掛け、最終段階での水による火の流れや立ち上がりを確認することが大切です。

自供の記述の仕方

自供書や上申書の作成は、作成者が自らの意思によって書面に作成することです。ここでは、あくまで任意性が担保となるのですから自由に書いてもらえばよいのですが、前歴者でない被疑者はその書き方が分からないことが多いのです。

そこで、私は「殺人を認めた」被疑者に、「次のように3項目を書いたらどうですか」とアドバイスします。

・1項目

何時、どこで、誰が、誰に、どのような方法で、どうしたのか

・2項目

当時の服装や持ち込み物はどのように入手し、その後どうしたのか

・3項目

現在の心境、困っていること

放火犯であれば、「私がやったこと」として、火をどのようにつけたか、何のためにに火をつけたか、逃げるときはどうしたか、火をつけたときに着ていたものは何か、今の気持ちはどうなのか等犯行の手段・方法、動機、逃走経路、現在の心境を書かせるのです。

また、机上には白紙を置き、犯行場所や凶器、遺留品の投棄先を図面に書かせたりもしますが、必ず立ち会い補助者を置いて、自供に至った経緯とその際の言葉と態度は記録するようにしました。

先にも触れましたが、中には文字を書けない被疑者もいるのです。現代にそんな人がいるのか、と疑問を持たれる方もいるでしょうが、実際、昭和25（1950）年生まれの被疑者でいました。

この被疑者は殺人の時効2カ月前に逮捕したのです。

平成×年×月×日午前3時30分ころ、通行車両の運転手が交番に「男性が頭部から血を流して倒れている」との届け出がありました。現場に急行すると、一見会社員風の男性（60歳ぐらい）が路上で、右半身を下部にして胸及び背部から出血し、さらに轢死していたのです。

検視・解剖の結果、被疑者は刃物で肝臓等の臓器に損傷を与え、腹腔内、胸腔内に多量の失血を生じさせるなどにより、被害者を瀕死にさせてその場に転倒させた上、そのころ同所を通過した運転者等不明の車両で、被害者の頭部等を轢過させ、被害者を脳挫滅により死亡させて殺害したものであることが判明した殺人事件です。

この被疑者は発生後1カ月くらいに、現場付近のスナック店内で刃物を振り回している男と血液型が同じであることで、捜査対象者となったのですが、自供しませんでした。

殺人の時効が切迫している2カ月前に、再び同人の行動を捜査中に常習として窃盗（万引き）を犯していることで逮捕、同人のＤＮＡ型が当時現場直近で発見採取された果物ナイフの柄に付着していた血液と一致したのです。

そこで被疑者を取調べた結果自供したので、殺人罪で逮捕したのです。この被疑者は当初頑なに黙秘をしていたのですが、黙秘の理由が文字を書けないであることが身内への聞き込みで判明したので、取調べ時に「あいうえお……」の文字を教え込んだところ書き方を覚えるようになり、それによって更生への自信につながり自供書も平仮名で作成したのです。

上申書（自供書）の作成は、本事例の被疑者のように字を書かせるとほとんど平仮名の者もいます。このような人から上申書や自供書を作成するのは辛抱が必要ですが、取調べ官の考えや口調を録取するのではないので、前述のような点に注意し、作成を行いました。

ドラマのように取調べ調書を書いているの？

私たちのころは、「調書は作文能力がないとダメだ」といわれて読書を勧められたし、先輩の調書を謄本作成ということで書き写しました。

このことが現代の人たちには、何のことかさっぱり分からないようです。それもそうです。現在はコピーの発達により一瞬のうちに、同じものが何枚も何十枚も複写できるのです。それもカラーでも可能であるから、そのころの時代にタイムスリップしたら驚きです。

以前のコピー機は水溶液を使用するもので、「コピーを頼む」と言われると原本を感光紙の上に載せてコピー機の中に通しました。青色の水溶液を通ると原本が浮き出て複写が完了となります。

このコピー機でコピーを依頼する際は「青焼きをやってくれ」という表現を誰もが使うのですが、刑事見習いのＦ巡査は「ハイ」と返事をして取調べ官が作成した供述調書を受け取って焼却場に持ち込み、焼いてしまったのです。コピーにしびれを切らした取調べ官が、「F君、青焼きはどうした？」と尋ねたところ、「きちんと燃やしました」との返答。その後のことは、察しが付くと思います。

調書は、現在はパソコンで作成します。

当時は2号用紙に複写用カーボン紙を挟み込んで、黒色のボールペンを使用して取調べ官自らが作成する場合と補助者（立会人）に作成させる場合とがありました。大体事前の取調べで聞いていたことを備忘録で整理して、ある日一気に調書を録取するのです。

事件によっては調書だけで2、3日間を要することもありました。現在は簡潔で短く、1日以上というケースは少ないと思います。ドラマでは短時間に終えますが、その時間よりも長いことは確かです。

調書作成のポイント

供述調書は、供述者に代わって作成するのですから、その人物の年齢、性別、職業、社会的地位、癖等を観察して、その供述者の言葉で作成するのです。供述者の目線であって、取調べ官の考えや口調を録取するのではないので、難しいのです。

だからといって供述者の言いなりに録取すれば事案の真相が浮き出ず、単なる聞き取り書となるのです。そうなると、いくら自白調書であっても、前後の文章に齟齬《そご》が生じて、後日任意性や信用性が問題となることが多く、公判では捜査員が作成した作文と評価されます。そのような事態にならないためには、被疑者を完全に自供させる、つまり完落ちさせることです。

その際の取調べ官の心構えは、企業における対象従業員（被聴取者）への事情聴取と同じです。

親しくしている病院の総務部長から「うちの秘書室の女性が風俗で働いているようで、どうしたらよいでしょうか」との副業に関する相談がありました。その病院では、副業は原則禁止で、特に必要がある際には病院長の承諾が必要でした。総務部長に、もう一歩突っ込んで「なぜそれが発覚したのか。どのような女性なのか」を尋ねると、「5日間休暇をとったので、その間別の女性スタッフを配置させた。パソコンでメールを確認作業中、風俗関係者と思われる店名から『○日OKですか、○日はどうですか』と予定を伺うメールが届いていた。その女性は普通の子で、どちらかというと控えめな子です」ということでした。

さて皆さんはどのようにアドバイスをしますか。

アドバイスその1は「事実を確認する」ことです。

メールの内容からして風俗店で働いているように思えますが、それは本人ではなく本人が仲介している他の人物の可能性があります。本人であるなら会社のメールアドレスを使用せず、私用等のメールアドレスを教えることが通常です。ですから、その店に出入りしていることを確認することです。一般的な方法は、刑事のように張り込みをしたり、お客になって接待を待つことです。

アドバイスその2は「本人から事情を聴取する者の選定」です。

ここで、風俗店での兼業は多かれ少なかれ誰しもやっているので、さほどのリスクを伴わないと考えている人がいたら、管理職としてはふさわしくありません。現在は「不正を許さない」風潮にあって、SNSによって一瞬に発信されるのです。それも事実と異なり面白おかしく流布するのです。

選定者はそのことを認識して、違反行為者と面識がなく利害関係のない人が担当するのです。

そしてアドバイスその3は「調査者の心構え」で、ここでは被疑者や参考人の事情聴取と共通する点があります。アドバイスその3については、ここでさらに詳しく解説します。

・心構え1：調査者が嘘をつかない

被疑者に限らず、コンプライアンスに欠けている者は「嘘、言い訳や他人のせい」にします。取調べはラポールと言われるように信頼関係です。それを構築しょうとする取調べ官が嘘を付いたとしたなら、被疑者（被聴取者）は決して本心を語ることはありません。

取調べ中にできない約束事をすることは、時には捜査員の刑事としての適正能力を問われることもあります。

被疑者は約束事を一見忘れたように装います。が、しかし何らかの出来事で自己が不利益になることがあったら「約束事を守らせる」ためには恥も外聞も捨てて時には必死になって抵抗してきますので、できない約束事はしないことです。

・心構え2：「はったり」や「カマをかけるな」

手持ち資料がなかったり、その裏付けもないにも関わらず、「吐かせてナンボだ」という取調べ優先主義から「共犯者は認めている」「目撃者○が見ていた」等事実ではないことを口にして自供に誘い込む方法では、決して自供しませんし、また自供させることができたとしても秘密の暴露がない供述となります。このような供述は、大きなリスクを組織に与えます。客観的証拠や任意性のない自供は、犯罪や不祥事そのものが「疑わしきは罰せず」に該当するのです。

このことは、企業におけるリスク関係でも同じで、匿名の投書や電話を「匿名だから相手に回答する義務がないので……」など勝手に思い込んで消極的処理をすれば、別の角度から再び訴えがなされて対処できなくなることもあります。刑事が被疑者を見る目、それよりも被疑者が刑事を見る目の方が野心的で狡猾的なのです。

・心構え3：人格を傷つけない

担当者の人柄や相手に対する気配りが、被疑者もしくは被聴取者の心を揺らせることができるかにかかっています。人の心を揺らせることとは何なのかを知ることです。といっても分からないでしょうが、分かりやすく言えば、事前準備が豊富であればある程話題が多くなり、心を揺らせる可能性が高くなるのです。「人を殺しました」と自供すれば、絞首刑になる可能性が高い被疑者に「何で殺したんだ」と質問をすれば、「そんなこと知りません」と否認をするでしょう。被疑者に「俺の生まれ育ったところまで、両親のことも知っているのか」「あの担任まで聞いているのか」という気持ちが「善から悪へ変わった」時期を思い出させ、原点に戻すことができるのです。

被疑者の挑発や策略に乗らず冷静に被疑者や相手の言い分を傾聴することが全面自供につながり、目的に合致した調書を作成できるのです。取調べも企業における事情聴取時も、短時間や一定の時間になったら部屋を出るようなことはせず、辛抱することも必要です。

企業においては、「餅は餅屋」で警察ＯＢを雇用しているのであれば、その人の助言を求めて対応すべきです。

一服コラム⑤ 地べたを這いずる努力「失意泰然、得意淡然」

私が出入りしている東十条の「酒だる」の店主吉田十郎氏が、王子副署長から鑑識課理事官に異動した際に、一枚のメモを渡してくださいました。そのメモ用紙には「失意泰然、得意淡然」と筆ペンで書かれていました。この格言は「人は皆、失敗を嘆き成功を喜ぶ。失意の淵に沈んだままでは再起は出来ない。喜び過ぎて有頂天だと足許をすくわれ、奈落の底に突き落とされる」と解釈しました。失礼な言い方ですが、「吉田さんが、どうしてこの言葉を知っているのか」と一瞬思いましたが、「理事官になっても決して驕らず、仲間に感謝の気持ちをもって、一課長を目指せ」と、人一倍の努力を期待しているエールに胸が詰まりました。

確かに仕事のみでなくスポーツを含め何事においても、成功したことのみを喜んでいると、目には見えない「悪魔の囁き」、驕りが芽生えて以後わずかなミス（失敗）を見過ごし、取り返しがつかなくなり、結局失速してしまいます。そうならないためには、常に謙虚さを失わず、誠実さで仲間との絆を深め、愚直に前へ進むことが不可欠です。それは一朝一夕にできるものではないので、良い仲間を募り、有言実行でお互いが切磋琢磨することを誓いました。

酒場の親父さんは大勢のお客と接しているだけに、心にしみ入る言葉はありがたく感銘し、生ホッピーを一気に飲み干しました。

第6章

刑事だって書類を作成する！ メモを使った書類作成術

刑事が気を付けている報告書作成の基本

文書能力は歌と同じように、上達するには上手い先輩の文章を真似することです。この真似が重要な位置を占めているのです。私は中学生のころ、国語の文書能力はかなり悪く、通信簿では「3」（5段階）でした。この成績は名も知られていない新得町のことですので、都会の学校と比較すればおそらく最低のラインでしょう。

今ではそれなりに文を作成できますので、書くことには抵抗がありません。そのきっかけは、21歳のころ玉川警察署で知り合った武田千代壽さんとの出会いによります。

この武田さんは、渋谷署暴力団担当刑事から昇任して、玉川署刑事課暴力団担当主任として活躍していたデカ長です。当時、刑事課看守係に勤務し独身だった私は、渋谷の繁華街に誘われるままにご一緒し、暴力団事件の被害者の店主や従業員から暴力団の金に対する嗅覚の発達や、事件情報の提供者に対する保護関係を学んだのです。

暴力団を取り締まるには、徹底的に継続的に取り締まる必要があります。そのためには情報入手が重要で、その情報は単なる口頭の言葉で「○○をやっている」というのではなく、一歩突っ込んで文字で「○○をやっている」とメモ形式で入手することだと教えられました。最初は「言葉でなく文字」の必要性が何のことか、分かりませんでしたが、そのうちに捜索をするには裁判官からの令状を取得する際の疎明資料にメモが活用されていることを知りました。つまり言葉は誰それが発したとしても、それは話だけのことで裏付けがないのです。悪く捉えれば、入手した者が聞いていないのに勝手に作った作文と言われることもあります。それよりも、実際情報提供者が作成したメモの方が真実を裏付けるのです。そのメモが重要であるならメモ用紙から指紋を採取する方法もあるのです。

武田さんは達筆で供述調書もポイントを押さえて作成していました。看守勤務中に武田さんの担当事件の送致書類が届くと、供述調書を読んでいましたが、その後、文言のよいところは大学ノートにメモ書きして自己の文章としたことがありました。

捜査第一課係長当時、オウム事件を指揮したT一課長は理事官でしたが、その褒めない上司から「味のある弁解録取書だな」と褒められてとても嬉しかったことを覚えています。

武田さんは酒に酔うと、「文章の乱れは、組織の乱れ」と決まり文句のように語っていました。刑事に限らず警察官は、正しい文章を作成するように警察学校や各種教養で学んでいますが、中にはセンスのない幼稚な文書もあります。

刑事が作成する報告書は、企業が作成する場合と異なり、刑事訴訟法や犯罪捜査規範等法令で様式が定められている場合が多いです。作成された書類は警察のみでなく検察庁や裁判所でも裁判等で使用されることがあるからで、公文書です。

武田さんをはじめ先輩から教えられた一般的な留意事項としては、

○簡潔で、誰が読んでも分かりやすく
「て、に、は、を」を使います。
○センテンスはできるだけ短くする
相手に読ませるのだから、1行20文字位の文がよい。現在はパソコンでの作成ですので、1行が長めですね。
○箇条書きを取り入れる
○実況見分調書等における写真を添付する
「別紙」として報告書の末尾に「現場写真○葉」として添付していました。1枚を1葉としたのは、台紙に貼ってある1枚を1つの独立の葉っぱとして捉え、1葉と聞き慣れない文字を使うのだと教えられたのです。
○字体は口語体で原則として常体（～である）、通知は敬体（～です・ます）を用いるとのことです。
○項目の細別として、第1、1、(1)、ア、(ア)、A、(A)を用い、見出しの符号に「・」を打たない点が企業作成の報告書と異なっています。
○本文中に「ただし」を付ける場合は行を改めません。「なお、おって」を書くときは行を改めますが、両方を使う場合は「なお」書きを先にすると、教えられました。

刑事には時間がない！ 報告書作成のためのメモ術

刑事、特に捜査指揮官である捜査第一課長には、私的時間はありません。睡眠時間が5時間、それもその中に電話の受け答えをする時間が入っているのだから、強靱な体力がある者しか担当できません。まさにこの地位は「常在戦場」です。

そのために、現在の一課長が71代（警視庁は明治7（1874）年1月15日創設）ですが、一課長の任期は大多数が1年、最長の一課長は2年で数名、私は62代で1年半、これも数名の一人でした。

報告書作成には、六何《ろっか》の原則であるので、メモもそれに基づいて作成します。
この原則はマスコミ業界では「イロハのイ」で、いわゆる5W1Hのことです。
①WHEN：何時《いつ》　②WHERE：何処《どこ》　③WHO：何人《なんぴと》、誰が
④WHAT：何を　⑤WHY：何故《なぜ》に　⑥HOW：如何《いか》にして
交通事故の報告書を、六何の原則に当てはめると次のようになります。
①発生日時
②発生場所
③当事者
・第一当事者
・第二当事者
・同乗者
④事故概要
⑤事故原因

⑥事故現場の見通し
その他
○事故発生の状況
○事故発生後の措置
○意見

メモからどう情報を整理するか

捜査資料の保管・分析ついては、初期捜査の時は被疑者の浮上、割り出し、特定が主軸であり、逮捕後は公判での立証へと移ります。そのような捜査過程において、メモ、特に捜査本部に報告されたメモは、次のように整理されます。

○捜査本部員が作成したメモ的報告書
○捜査本部員以外の警察官が作成したメモ的報告書

○一般人が報告してきた手紙や投書等のメモ類
○他の道府県警等から関連ある情報として移牒《いちょう》（通知）されたメモ的報告書

これらのメモ的情報は、捜査方針の中で、

○被疑者に関する情報
・被疑者の目撃情報
・被疑者の前足（犯行前の行動）、後足（犯行後の行動）
・被疑者の身上関係、使用車両・携帯電話・メールや交友者、土地鑑先
・被疑者の立ち回り先や徘徊場所
○捜査対象者に関する情報
○被害者に関する情報
○被害現場に関する情報

に整理されます。

これらを整理するのに便利なのが「付箋」です。

企業も書類に付箋を貼り付けますが、捜査書類もそれに勝るくらい付箋を用います。

付箋も最近は、数行も記載できるものから1行のみと大小、赤・青・黄等と色別・糊付きなど様々な種類があります。

付箋は、何が重要か、その重要な説明箇所を決裁者に早く理解してもらうために使われることが多いです。そのことで、処理時間を短縮することができるのです。

報告要領としては、便利な方法です。しかし、報告者がよく内容を確認させないで、決済を早く終えようとして、付箋の内容だけで判断することもあり得るので、気をつけたいものです。

逮捕状の請求決裁時には、裁判官が分かりやすいようにとの配慮で、犯罪構成の要件や犯人性の特定等ポイントに付箋をつけます。書面審査後に呼ばれて、付箋をつけた箇所の裏付けの裏まで問われ、その質問に答えられなければ逮捕状が発付されないのです。人間を拘束できる逮捕状であるからこそ、事実認定に誤りがあってはならないとの配慮です。

ただ付箋をつけ過ぎると、その報告者の捜査能力が問われることもあります。

メモをどう生かすか

メモはすぐに取り出さなければ、役に立たないことが多いです。小学校のころ、教室に「整理、整頓、清掃」そしてトイレには「清潔」とメモ紙が貼られていました。この整理・整頓・清掃・清潔こそが、メモを生かす教えです。メモを効率的に生かすには、次のような点に注意が必要です。

○まず目的に合ったメモがどこに保管されているか

・常に使用するメモは、デスク担当者が手を伸ばして届く位置に保管されています。

・そうでないメモは、証拠品担当が管理しているロッカー、それも鍵のかかるところに保管されています。

・証拠品担当が管理している台帳を見れば、瞬時に保管されている場所が分かります。またパソコンでも検索ができます。

○その整理はどのようになっているのか

・整理担当者が指定され、デスク主任が随時点検しています。

○その保管方法に問題はないか

・メモの数が多い場合は、コピーにより専従員は自由に閲覧ができるようになっています。

○清潔感はどうか

・捜査本部のメモで証拠品として登録してある紙片は、指紋やDNA型鑑定を終えており、紙封筒かビニール袋に保管されています。

何時でもメモを利用できるように、メモによってはあいうえお順やABCDE順に保管されています。もちろん、メモの散逸を防止する目的で、理事官・事件担当管理官が点検することとなっています。

これら整理整頓は時間を無駄にしない効果とともに、捜査本部員がメモを探す際に怪我をしない安全管理や明るく働きやすい捜査本部の環境作りに役に立っているのです。企業においても見習っていただきたいものですが、捜査本部に入ることができないことが残念です。

メモの処分術

メモの処分については、そのメモの目的によっては処分になじまないもの、処分をすべきものと異なっているので、ここでは考え方を述べるに留まります。

①処分になじまないもの

・価値観：有名人が入場券や紙の切れ端にサインをしたものがあります。このサインが所持している人にどれだけの価値があるか、でしょう。その逆もしかりで、そのサインに何ら興味のない人にとっては無価値なものなので、不要物として処分するのです。

・証拠物：事件捜査等においては、その事件を立証するために、または可罰性のために必要なものは破壊・滅失を防止して処分をしない措置をとらなければなりません。

②処分すべきもの

・役目を終えたもの：身近な例としては、記憶のために使用したメモ、伝達に使用したメモ等は、その目的を終えれば単なるゴミとして破棄されます。

・他に知られたくないもの：用済み後、保管しておくことによって、将来災いを起こしたり、所持者が不測の反感をかったり、第三者に迷惑を及ぼすようなことがあれば処分すべきです。

ここで問題となるのは、処分の方法です。

処分の方法には、①切断する　②燃やす　③消滅させる　④埋める　⑤流す　⑥飛ばす、など考えればかなりの方法がありますが、それは処分するものの材質（素材）が大きく影響します。

暴力団や極左の処分方法は、メモによる組織全体の連絡網や違法行為の発覚を防止するために、メモ書きする紙そのものが水溶性のものを用いています。
警察に発見される前に、記載したメモを近くにある水に入れ、一瞬のうちに溶かしてしまうのだから、警察官も俊敏でないと取り押さえられません。そうすることによって、逮捕から逃れるのです。

一服コラム⑥ 名刺は情報の宝庫

刑事に成り立てのころは、官用名刺は支給されていましたが、所属、階級、氏名が印刷された縦書きでした。この名刺は警察手帳に最低3枚は収納していましたが、刑事が使用するには署の所在地や電話番号を入れる必要がありました。

そのころの刑事は、階級が巡査であるなら氏名の上に「警視庁巡査」でなく「警視庁刑事」と記入し、自費で印刷していました。今はできません。

ところで、名刺には表に「会社名、役職、氏名、所在地、電話番号」、裏には「顧問先、ボランティア先、執筆書籍等」が印刷されているものもありました。この名刺から、その人の人なりが分かるし、前回も受領しているのと照合すれば、活動範囲の情報を入手できるのです。

運転免許証もしかりで、コンプライアンスの目で見れば、①住居欄から不正通勤費、②色によって違反歴、③番号の末尾の数字によって再交付の回数、が分かるのです。特に免許証の再交付回数は更新のおいても継続するので、「なぜ再交付したのか」その理由を尋ねれば、「借金の担保で預けていた」ことも判明したことがあります。

おわりに

私には大切にしているものがあります。それは現職時に常にカバンに入れていた同期生と上司の写真と母からいただいたメモです。

同期生は、退職を待たずに病死した3人（松田芳昭氏・前田元生氏・頂二三男氏）と鑑識課長時に殉職した山田文雄氏です。

94歳になる母は、現在私の郷里である北海道新得町のグループホームの世話になっています。3歳のころ、岐阜県から家族全員で北海道に渡り、鹿追町で開拓民として働いていたのです。それは冷害と飢えで死との戦いであったといいます。そのために学校も通えず、文字を読むことができても書くことはできませんでした。

その母は、私が平成20（2008）年2月に警視庁を勇退する時に、初めて現金書留に現金10万円と1枚のメモを送金してくれたのです。そのメモには、たどたどしい文字で、「寸志　正行さん　いつもありがとう」と記載されていました。

私は、このメモと現金をいつも手帳の裏表紙に入れています。それは昭和42（1967）年3月警視庁警察学校に入るため上京する際に、母が言った「正行、他人様から後ろ指を指されるようなことはするな！　先祖様からいただいた身体を粗末にするな！　何事も諦めるな！」との戒めを大切にして警視庁での奉職を終え、第二の人生に「お金は大切にしなさい」との言葉と理解しているからでした。

元来、金銭には無頓着でしたが、家内のお陰で何とか勇退時には借財も返済できた状態でありました。貯蓄こそゼロ、正確には母からいただいた10万円でしたが、その代わり一緒に犯罪捜査などで苦労を分かち合った仲間が財産として残り、今や警視庁の刑事部の中枢で活躍していることに誇りを感じています。

過去を振り返れば、警察学校で1年間担当だった斎藤藤廣助教からは「学問は身を高める。努力しろ。大学へ通え」とのメモに、励まされたものです。このメモによって職業学生の道を志すことになり、そして大学の保証人になっていただき昭和49（1974）年3月卒業ができました。また、玉川署の大竹静男先輩から新人刑事のころ捜査の壁に当たったたときいただいた「誰が悪いのでもない。自分が選んだ道なんだ」との1枚のメモに励まされました。1枚のメモ、それは短い言葉であるだけに、人生を左右する道しるべだと思っています。

最後に、縁あって私が観光大使を務めることになった地元の新得町は、本年8月の台風による豪雨で災害を受け、復興中です。

この町は北海道の重心に位置し、東京都の半分の広さに東大雪山系のトムラウシ温泉、クラブメッド北海道があり、品質日本一の蕎麦の産地で、スポーツ合宿施設や福祉施設等が整い、小中学生の挨拶は北海道一、人情味豊かな町民、そして太陽が地平線から昇り日高山脈に沈む大自然の地です。

ここの風雪に耐えて育ったから、警視庁捜査第一課長として凶悪犯罪と闘い続けられたことに感謝。「福祉の街、新得町で長寿を！」のメモを贈ります。

本書の執筆にあたって、マイナビ出版の担当編集の田島孝二さん、元警視庁科学捜査研究所長の倉科孝靖さん、五社プロダクションの五社巴さんに、ご尽力いただきました。ここに謝辞に代えさせていただき、筆を置きたいと存じます。

久保正行

●著者プロフィール
久保正行（くぼ・まさゆき）
第62代警視庁捜査第一課長。1949年、北海道生まれ。放送大学在学中。71年、警視庁刑事に。74年に捜査第一課に異動、以後警視正までの全階級で捜査第一課に在籍。鑑識課検視官、第1機動捜査隊隊長ほか、田園調布署長、渋谷署長などを経て、2008年2月、警視庁第七方面本部長を最後に勇退。現在、日本航空株式会社勤務。警視庁シニア・アドバイザー、公益社団法人日本心理学会認定心理士、防災士、警察対策学会員、新得町観光大使。著書に『警視庁捜査一課長の「人を見抜く」極意』（光文社新書）など。

マイナビ新書

捜査一課のメモ術

2016年11月30日　初版第1刷発行

著　者　久保正行
発行者　滝口直樹
発行所　株式会社マイナビ出版
〒101-0003　東京都千代田区一ツ橋2-6-3　一ツ橋ビル2F
TEL 0480-38-6872（注文専用ダイヤル）
TEL 03-3556-2731（販売部）
TEL 03-3556-2733（編集部）
E-Mail pc-books@mynavi.jp（質問用）
URL http://book.mynavi.jp/

装幀　アピア・ツウ
DTP　富宗治
印刷・製本　図書印刷株式会社

　ISBN978-4-8399-5411-6
Printed in Japan